石浦—富岗如意信俗

石浦－富岗如意信俗

总主编 金兴盛

浙江省非物质文化遗产代表作丛书

浙江摄影出版社

杨卓娅 编著

总 序

中共浙江省委书记
省人大常委会主任 夏宝龙

　　非物质文化遗产是人类历史文明的宝贵记忆，是民族精神文化的显著标识，也是人民群众非凡创造力的重要结晶。保护和传承好非物质文化遗产，对于建设中华民族共同的精神家园、继承和弘扬中华民族优秀传统文化、实现人类文明延续具有重要意义。

　　浙江作为华夏文明发祥地之一，人杰地灵，人文荟萃，创造了悠久璀璨的历史文化，既有珍贵的物质文化遗产，也有同样值得珍视的非物质文化遗产。她们博大精深，丰富多彩，形式多样，蔚为壮观，千百年来薪火相传，生生不息。这些非物质文化遗产是浙江源远流长的优秀历史文化的积淀，是浙江人民引以自豪的宝贵文化财富，彰显了浙江地域文化、精神内涵和道德传统，在中华优秀历史文明中熠熠生辉。

　　人民创造非物质文化遗产，非物质文化遗产属于人民。为传承我们的文化血脉，维护共有的精神家园，造福子孙后代，我们有责任进一步保护好、传承好、弘扬好非物质文化遗产。这不仅是一种文化自觉，是对人民文化创造者的尊重，更是我们必须担当和完成好的历史使命。对我省列入国家级非物质文化遗产保护名录的项目一项一册，编纂"浙江省非物质文化遗产代表作丛书"，就是履行保护传承使命的具体实践，功在当代，惠及后世，有利于群众了解过去，以史为鉴，对优秀传统文化更加自珍、自爱、自觉；有利于我们面向未来，砥砺勇气，以自强不息的精神，加快富民强省的步伐。

党的十七届六中全会指出，要建设优秀传统文化传承体系，维护民族文化基本元素，抓好非物质文化遗产保护传承，共同弘扬中华优秀传统文化，建设中华民族共有的精神家园。这为非物质文化遗产保护工作指明了方向。我们要按照"保护为主、抢救第一、合理利用、传承发展"的方针，继续推动浙江非物质文化遗产保护事业，与社会各方共同努力，传承好、弘扬好我省非物质文化遗产，为增强浙江文化软实力、推动浙江文化大发展大繁荣作出贡献！

（本序是夏宝龙同志任浙江省人民政府省长时所作）

前 言

浙江省文化厅厅长　金兴盛

国务院已先后公布了三批国家级非物质文化遗产名录，我省荣获"三连冠"。国家级非物质文化遗产项目，具有重要的历史、文化、科学价值，具有典型性和代表性，是我们民族文化的基因、民族智慧的象征、民族精神的结晶，是历史文化的活化石，也是人类文化创造力的历史见证和人类文化多样性的生动展现。

为了保护好我省这些珍贵的文化资源，充分展示其独特的魅力，激发全社会参与"非遗"保护的文化自觉，自2007年始，浙江省文化厅、浙江省财政厅联合组织编撰"浙江省非物质文化遗产代表作丛书"。这套以浙江的国家级非物质文化遗产名录项目为内容的大型丛书，为每个"国遗"项目单独设卷，进行生动而全面的介绍，分期分批编撰出版。这套丛书力求体现知识性、可读性和史料性，兼具学术性。通过这一形式，对我省"国遗"项目进行系统的整理和记录，进行普及和宣传；通过这套丛书，可以对我省入选"国遗"的项目有一个透彻的认识和全面的了解。做好优秀传统文化的宣传推广，为弘扬中华优秀传统文化贡献一份力量，这是我们编撰这套丛书的初衷。

地域的文化差异和历史发展进程中的文化变迁，造就了形形色色、别致多样的非物质文化遗产。譬如穿越时空的水乡社戏，流传不绝的绍剧，声声入情的畲族民歌，活灵活现的平阳木偶戏，奇雄慧黠的永康九狮图，淳朴天然的浦江麦秆剪贴，如玉温润的黄岩翻簧竹雕，情深意长的双林绫绢织造技艺，一唱三叹的四明南词，意境悠远的浙派古琴，唯美清扬的临海词调，轻舞飞扬的青田鱼灯，势如奔雷的余杭滚灯，风情浓郁的畲族三月三，岁月留痕的绍兴石桥营造技艺，等等，这些中华文化符号就在我们身边，可以感知，可以赞美，可以惊叹。这些令人叹为观止的丰厚的文化遗产，经历了漫长的岁月，承载着五千年的历史文明，逐渐沉淀成为中华民族的精神性格和气质中不可替代的文化传统，并且深深地融入中华民族的精神血脉之中，积淀并润泽着当代民众和子孙后代的精神家园。

岁月更迭，物换星移。非物质文化遗产的璀璨绚丽，并不意味着它们会永远存在下去。随着经济全球化趋势的加快，非物质文化遗产的生存环境不断受到威胁，许多非物质文化遗产已经斑驳和脆弱，假如这个传承链在某个环节中断，它们也将随风飘逝。尊重历史，珍爱先人的创造，保护好、继承好、弘扬好人民群众的天才创造，传承和发展祖国的优秀文化传统，在今天显得如此迫切，如此重要，如此有意义。

非物质文化遗产所蕴含着的特有的精神价值、思维方式和创造能力，以一种无形的方式承续着中华文化之魂。浙江共有国家级非物质文化遗产项目187项，成为我国非物质文化遗产体系中不可或缺的重要内容。第一批"国遗"44个项目已全部出书；此次编撰出版的第二批"国遗"85个项目，是对原有工作的一种延续，将于2014年初全部出版；我们已部署第三批"国遗"58个项目的编撰出版工作。这项堪称工程浩大的工作，是我省"非遗"保护事业不断向纵深推进的标识之一，也是我省全面推进"国遗"项目保护的重要举措。出版这套丛书，是延续浙江历史人文脉络、推进文化强省建设的需要，也是建设社会主义核心价值体系的需要。

在浙江省委、省政府的高度重视下，我省坚持依法保护和科学保护，长远规划、分步实施，点面结合、讲求实效。以国家级项目保护为重点，以濒危项目保护为优先，以代表性传承人保护为核心，以文化传承发展为目标，采取有力措施，使非物质文化遗产在全社会得到确认、尊重和弘扬。由政府主导的这项宏伟事业，特别需要社会各界的携手参与，尤其需要学术理论界的关心与指导，上下同心，各方协力，共同担负起保护"非遗"的崇高责任。我省"非遗"事业蓬勃开展，呈现出一派兴旺的景象。

"非遗"事业已十年。十年追梦，十年变化，我们从一点一滴做起，一步一个脚印地前行。我省在不断推进"非遗"保护的进程中，守护着历史的光辉。未来十年"非遗"前行路，我们将坚守历史和时代赋予我们的光荣而艰巨的使命，再坚持，再努力，为促进"两富"现代化浙江建设，建设文化强省，续写中华文明的灿烂篇章作出积极贡献！

2013年11月20日

目录

序言 // PREFACE

石浦—富岗如意信俗是在独特的海洋生存环境和历史文化背景中形成的民俗信仰活动,在象山已有几百年的历史。20世纪中叶,由于种种历史原因,如意娘娘神像千里迁移至台湾,与大陆隔海相望。尽管如此,两岸民众的文化认同、孝道理念等却是一致的,共同的信仰和理念,势不可当地产生了石浦—富岗如意信俗。

石浦—富岗如意省亲仪式是如意娘娘从台湾台东富岗新村回故乡石浦省亲而举行的仪式,始于2007年中国开渔节,此后年年举行,一直没有间断。如意信俗在渔区非常兴盛,尤其是在渔山岛和东门岛,民众普遍笃信。如意省亲迎亲仪式则是如意原始信俗的延伸,尤其是迎亲祭祀仪式,在沿袭传统的基础上有所创新。除了妈祖庙的迎亲祭祀仪式之外,还有台湾台东富岗新村如意娘娘来石浦的省亲仪式和石浦东门岛路上的迎亲仪式,同时辅以民间文艺表演团队的表演,是一项集娱神与娱人于一体的信俗活动。目前,如意省亲迎亲仪式已成为象山石浦地区规模较为盛大的民俗活动之一。

如意原始信俗主要流传在象山石浦地区以及台湾台东的富岗新村,辐射至浙江宁波、台州、温州沿海一带,内容包括石浦原始信俗和富岗如意原始信俗。如意信俗是渔区人民出海时祈求平安、丰收的民俗活动,其内涵丰富,独具特色,含有历史、宗教、生产、民俗等诸多文化内容。如意原始信俗中的诞辰祭祀,主要以祭祀为核心,成为渔民生产劳动的一种精神寄托。如意信俗承载着象山渔区许多重大的历史文化信息和原始记忆，保留了大量的原始祭祀礼仪和民俗文化，被民俗专家认为是浙东沿海地区活生态的信仰祭祀。它不仅对保存渔区劳作生活记忆、传承渔俗文化起着巨大的作用，而且对研究中国沿海地区祭祀历史有较高的学术价值，在民俗学、海峡文化交流等方面也有较高的研究价值。

石浦—富岗如意信俗在历史、政治、文化和两岸交流上有着重大价值，挖掘、搜集、整理如意信俗，意在展现其独特的信仰特色，旨在保护和弘扬象山渔区别具一格的传统民俗文化，使如意信俗在渔区代代相传，也使石浦—富岗如意省亲迎亲仪式永久延续下去。石浦—富岗如意省亲仪式得到国内民俗专家的肯定及省、市新闻媒体的报道和关注，2008年6月被列入第二批国家级非物质文化遗产名录。

本书基本上按照"浙江省非物质文化遗产代表作丛书"编纂出版方案编著，主要介绍了如意信俗的起源、演变和发展，石浦—富岗如意省亲迎亲仪式的产生背景和形成过程，记录了如意原始信俗的内容和祭祀方式，以及石浦—富岗省亲迎亲仪式的全过程，阐述了如意信俗的主要特征、保护价值及信仰现状，并对如意信俗的传承和保护措施，提出了建议，以期石浦—富岗如意信俗在渔区一代代传承下去，为象山的海洋渔文化增添一抹异彩。

吴 健

2013年1月1日

如意信俗的起源和演变

如意信俗起源于象山石浦的渔山岛，流传于浙江宁波、台州、温州沿海一带，始于清朝，至今已有几百年的历史。如意信俗寄托了沿海渔民劳作生活祈求平安丰收的愿望，是海岛民众生活中非常重要的民间信仰。

如意信俗的起源和演变

　　如意信俗起源于象山石浦的渔山岛，流传于浙江宁波、台州、温州沿海一带，始于清朝，至今已有几百年的历史。如意信俗寄托了沿海渔民劳作生活祈求平安丰收的愿望，是海岛民众生活中非常重要的民间信仰。

渔山岛的天气变幻莫测

[壹]如意信俗的起源

如意信俗起源于当地民间传说，据传：如意娘娘是一位外来渔家女，因投海殉父的非凡孝举而被当地渔民供奉为海上平安孝神，作为海岛上最为重要的海神保佑着出海作业者的安全。如意信仰在渔山岛代代相传，延续了数百年，关于如意娘娘的传说，民间流传着"浮木说"、"绣花鞋说"、"姐妹说"这三种说法。

一、浮木说

据渔山岛徐七寿老人讲述，渔山岛几百年前就常有福建兴化人来捕鱼，也常有台州黄岩人来岛铲贻贝（当地的一种岩生海产贝壳类）。一日，有采贝人落崖身亡。其女从家乡赶到，问旁人她爹在何处身亡，当得知确切地点之后，她二话不说，纵身跃入海中殉葬。众人大惊，但见从该女投身处浮上一块木板。人们被女子的孝道感动，也为神奇木板所震惊，遂用木板雕塑成一尊如意神像，立庙供奉，称之为如意娘娘庙。这种木板浮物的说法，被多数信众，尤其是海岛上的男性渔民所接受。但女性信众却有另一种说法，主要是传说中的木板被绣花鞋所替代。

二、绣花鞋说

在渔山岛住了四十余年的娘娘庙原庙管陈金杏女士，听她公公讲述过这个传说。说是很早以前，如意娘娘的父亲在渔山岛上劳动，给捕鱼老大干活做长工。他们本来不是渔山岛人，有一次，如意

如意娘娘跳下海后，浮上来的却是一只绣花鞋

娘娘从家乡来渔山岛看望父亲，上岸后，刚好碰到她父亲铲贻贝跌落海中遇难。如意娘娘一时心急，从庙岙跳下海去救父亲。跳下海后，浮上来的却是一只绣花鞋，民众们认为这是如意娘娘灵魂的化身，因此塑像立庙。

不管是"浮木说"还是"绣花鞋说"，它们的相同之处是，两个传说的投海殉父元素都在如意塑像中得到了体现。现任渔山岛村主任的柯位楚听爷爷讲过"浮木"传说，他说那浮上来的一段木头，后来被雕成如意娘娘神像，继而人们建起庙宇对神像进行供奉。后来人们看到的如意娘娘坐身形象，双手搁在膝上，扶着一块约20厘米宽、100厘米长的木板，与徐七寿老人的说法相一致。台东富岗村的如意娘娘分身，脚上穿着一双红色鞋子，但鞋面上没有绣花。据渔山岛娘娘庙庙管董女士所述，她从爷爷辈听到的传说中得知，如意娘娘落海处浮上来的并不是木块，而是一对红头三寸鞋。她说，如意娘娘还托梦给当地的一位老人，说要给她塑一座像，并自定名字为"如意娘娘"。

三、姐妹说

"姐妹说"是进入新世纪后关于如意娘娘的新传说，大多在台东老百姓中相传。据说在神界的亲缘关系中，如意娘娘和天后妈祖同为海神，是姐妹一家，妈祖为如意的姐姐。台东柯受雄坚信三姐妹说：大姐妈祖、二姐如意、小妹瑶池，三位均为女神。在如意信仰的发源地渔山岛和有着妈祖信仰的东门岛，"姐妹说"也有所融合与发展，现在天后妈祖和如意娘娘在民众心目中的信仰地位基本一致。如意娘娘与天后妈祖这种神界姐妹关系的确立，也为后来的如意省亲迎亲仪式埋下了伏笔。

如意娘娘的传说产生在偏于一隅的边陲小岛，海岛附近的海域地理环境十分险恶，渔民出海作业时，随时面临着突发风暴等不可预测的天气变化。正是海岛这种特殊的生存环境及生产方式，

渔山岛的采贝船

导致渔民容易发生意外死亡，也使得渔民们将这种不可控的危险因素，寄希望于神灵来庇护化解，以保佑他们平安。

　　一个神灵要得到民众的崇拜、奉祀，生前必有不凡的事迹，这些事迹随着时间的推移演变成约定俗成的传说，更加巩固了老百姓对神灵的信仰。在如意娘娘传说中，如意娘娘作为一位外来渔家女，做出投海殉父的壮举，正是这种非凡的事迹，让渔山岛的民众们尊奉她为当地的海上平安孝神，作为渔山岛的地域神保佑着出海作业者的安全，如意信俗由此产生。

[贰] 如意信俗的演变

一、石浦篇

1.起始。最早的如意娘娘庙建立于清代,位于北渔山岛上的庙岙,是一处紧靠礁岩壁的地带。庙岙这一地名,也是因为如意娘娘庙的存在而得名的。如意娘娘是渔山岛岛民建构起来的海上平安孝神,是当地民众信仰的本土神灵。在渔山岛,如意信仰在民众的信仰生活中占据着非常重要的位置。如意信仰从清代的发源到现在的兴盛,数百年间历经了几次兴衰演变,与此同时,如意娘娘庙也历经了几次搬迁。总而言之,渔山岛如意信俗的发展过程由盛转衰,继而又逐渐复兴,呈现出波浪曲线演进的趋势。

2.转折。1955年是渔山岛如意信仰的重大转折期。新中国成立初期,浙东的大陈岛、一江山岛、渔山岛一带仍为国民党军队的最后防守区域,渔山岛驻扎着国民党军某第三大队。同年,中国人民解放军解放了一江山岛。在国民党军大举撤退时,将大陈岛居民一万四千余人、渔山岛居民四百八十七人一并带至台湾。渔山岛居民撤离前,以柯位林为代表的渔民,决心要把本岛如意娘娘神像装箱带到台湾。就在士兵阻拦之际,柯位林斗胆向正上岛巡视的时任"国防会议副秘书长"的蒋经国先生求助。蒋经国先生当时只讲了十个字:"可以,可以。搬上去,搬上去。"

随后,全部渔山岛渔民(除少数正巧回石浦办事未返的渔民），与如意娘娘神像（用被絮包裹）一同经海路去了台湾。后渔山人在台东海边建了富岗新村，安身立业。去台的渔山人不忘神灵如意，之后在该新村建起了海神庙，安顿了从大陆带去的如意娘娘真身。海神庙一开始就成立了管委会，柯位林被推选为主任委员，直到去世。

渔山岛民被国民党军强行带离之后，渔山岛就瞬间成为一个空岛（据传只有一只活山羊），如意娘娘庙也成了一座无神之庙。1956年，象山发生了"8.1"特大台风，更使这座如意娘娘庙彻底倒圮。

1956年的"8.1"特大台风过后，象山政府开始动员石浦等象山内陆地区的知识青年进入渔山岛。在政府的号召下，新岛民以家族为单位搬迁进入海岛。他们的到来不但使岛上重现了生机，而且也使如意娘娘的信仰得到了延续。此前的渔山岛与象山石浦等内陆之间，曾有过频繁的岛岸交流，这使得这些原内陆村民对于如意娘娘这位神灵非常熟悉。入岛之后，这些新移民也入乡随俗地将如意娘娘奉为主要的祭拜对象。

当时，与村民同时进驻渔山岛的还有解放军海、陆、空三军部队，部队的官兵将原如意娘娘庙址所在区域作为营地，建起了营房。从1956年到1988年，渔山岛的如意娘娘庙都不复存在，仅留一片空地。在没有如意娘娘塑身和庙宇的情况下，新渔山岛岛民只好用自己的方式来祭祀如意娘娘。在如意娘娘庙被台风摧毁，神像被原岛民带离海岛，而原庙址又被部队占用的情况下，渔山岛的信众们将祭祀神灵的空间从原庙址扩大到整个海岛，每逢初一、十五等重要日子，信众们都会在自己的家中烧香，敬天拜地敬如意娘娘。

3.重建。1988年，解放军部队撤出海岛，当时原庙址上没有重建起如意娘娘的庙宇。部队进驻海岛期间，不但在原庙址附近建造营房，还在庙址周围圈养猪羊，这些牲畜的排泄物四处散落，破坏了整洁的庙地环境。在这种情况下，信众们不得不放弃原来的庙址，退而求其次，选择了村南山坡的一处风水宝地作为新的庙址，但仍保持了一段有庙而无神像的状态。

1989年，随着两岸关系渐趋缓和，台东富岗新村的渔山岛原住民们开始组团返回渔山岛进行祭祖活动。1990年，台东富岗新村和渔山村共集资六万元，由渔山长者徐七寿（已故）、周雪礼、汤全生（已故）等人，根据被搬到台湾的如意娘娘真身照片重新进行雕塑。从此以后，如意娘娘神像在渔山岛得以重现，庙里香火不绝。

二、富岗篇

对于台东富岗新村的原渔山岛岛民来说，如意信仰则是一个从头开始的过程。1955年，如意娘娘塑身跟随原渔山岛民漂洋过海到达台湾。初来乍到的原渔山岛岛民们用自己的双手，继续从事着渔业生产，在艰辛的开荒进程中，如意娘娘信仰始终伴随着勤劳勇敢

富岗新村的海神庙

的岛民们。在刚落户富岗地区时，由于现实生活条件恶劣，岛民们将如意娘娘塑身暂时供奉在自建的简陋小庙中。到了1960年，原渔山人建立了富岗新村，村中建起了以如意娘娘为主神的海神庙，将原渔山岛的如意信俗完整地继承了下来。海神庙占地600多平方米，庙屋、戏台供奉了如意大娘娘、二娘娘、三娘娘、妈祖娘娘、保生大帝、池府王爷、广泽尊王（民间传是药王爷）、财神菩萨以及众兵将，共计一百余尊。祭祀时间同样是农历七月初六，不过一般从初一就开始，连祭六天。请法师诵经，村民有二三百人普度、祝寿。除此之外，每年的农历正月十五，还举办庙会，抬各菩萨出巡。为了纪念故土，富岗新村逐渐被称为台湾"小石浦"村。

　　与渔山岛的娘娘庙相比，富岗新村供奉着如意娘娘的庙宇，不仅在规模上显得更加宏伟，建筑装饰上更为讲究，而且在庙名、信仰的神灵对象、庙务管理等方面都有所不同。渔山娘娘庙中仅有如意娘娘一尊、观音一尊以及财神一尊。富岗海神庙供奉的神像比渔山娘娘庙供奉的更丰富，庙里供有如意娘娘等神灵一百余尊。但有一点对富岗海神庙与渔山娘娘庙来说都是相同的，就是两处庙宇都以如意娘娘为主神，也同样在每年的农历七月初六，即娘娘诞辰之时举行祭祀仪式。

[叁]石浦一富岗如意省亲迎亲仪式的形成背景

如意信俗在数百年的发展历程中，因诸多原因几度盛衰。由于大陆与台湾的特殊历史背景，如意信俗一度被分隔于海峡两岸，各自在石浦和富岗两地延续传承而不能汇聚。直至2007年，在历经数

富岗新村村民在制作石浦传统菜肴"鱼面"

十年的分离后，如意娘娘又在神力和人力的作用下跨越万里海峡，重新回归，无可阻挡地催生出声势浩大的省亲迎亲盛举，最终让海峡两岸的信俗汇合在一起，演变成一整套成熟而完备的如意娘娘省亲迎亲信俗。

原渔山岛民众移民到台东的富岗新村后，一切都按照故乡的风俗进行，过年时做鱼面、鱼丸、八宝饭、春卷，和大陆石浦的习俗一模一样。除夕夜，三十六道菜层层叠叠地摆在桌上，出门在外的晚辈，再远也要赶回家来，跟父母一起吃大年三十夜的团圆饭。晚饭后，晚辈们跪在长辈面前接受发给他们的红包——压岁钱。之后，全家人还要一起搓汤圆，以备大年初一早餐用，象征着团团圆圆。

原渔山岛民众虽然迁移到了台湾，但思乡的念头年复一年，越来越强烈。到了20世纪70年代，富岗新村的第二代后辈已出国读书，他们尝试寄信给大陆亲戚，还附上照片，之后很快得到了回音。当时，整个小石浦村村民都激动了，看到照片，他们掉下了眼泪。

到了20世纪80年代，台湾解禁开放，允许大陆探亲，台湾同胞先后多次来到家乡旅游、修坟、祭祖。象山石浦的渔家人按照家乡风俗，摆出三十六道菜招待台湾父老乡亲。

1989年，台湾台东县富岗新村村民回渔山岛寻宗祭祖，见岛上如意娘娘庙破旧不堪，即由两地集资六万元进行修缮。这是石浦和富岗两地民众的第一次交集，也为以后两地信仰的融合发出一个强烈的信号。

　　进入21世纪，随着祖国统一的呼声日高，两岸兵戎对峙的坚冰也渐渐消融，大陆和台湾两地已实现了和平互通。2005年，富岗新村村民开始着手准备让如意娘娘回家省亲。2007年7月27日，在象山县台办的合力支持下，阔别了故土五十多年的如意娘娘终于第一次踏上了回乡省亲的道路。这一天，柯位林率长子柯受球、四子柯受雄等富岗新村回乡祭祖团一行五十四人，奉持如意娘娘小塑身从台湾转香港飞抵宁波，来到石浦渔山岛认亲省亲，与渔山岛村民一起举行盛大的祈福祭典活动，由此开创了两岸如意娘娘省亲迎亲的盛典。台湾庙会的阵头八家将、令旗队、锣鼓队、七星镇、八卦镇等民俗表演队伍也参加了这次活动，盛况空前。这次认亲活动，拉开了海峡两岸如意娘娘省亲迎亲仪式的序幕。2007年9月14日，第十届中国（象山）开渔节期间，由四十位富岗新村代表护送着如意娘娘真身来到石浦，与石浦东门岛天后宫的妈祖娘娘作省亲迎亲活动。当晚，还在灯火通明的石浦渔港上举行了两岸娘娘巡安焰火大会。以后的每年九月，如意娘娘都在象山开渔节期间回乡省亲一次，其省亲迎亲仪式成为象山开渔节的保留活动。借助如意娘娘的灵气，海峡两岸的亲人一次又一次地走到一起，共同祈祷风调雨顺、国泰民安。一次次的省亲迎亲活动，使得石浦—富岗如意信俗快速发展，并形成一套完整的省亲迎亲祭祀仪式。

如意原始信俗的活动场所和基本内容

由于石浦和富岗两地的信众本来就是同族同宗，因此不管是渔山岛、东门岛的原始信俗还是富岗的原始信俗，其祭日、祭具、祭品、祭乐和基本内容大同小异，有的则完全一致。

如意原始信俗的活动场所和基本内容

　　石浦—富岗如意信俗的基本内容分为原始信俗与省亲迎亲信俗两个部分。石浦原始信俗的活动场所为渔山岛娘娘庙、东门岛妈祖庙，富岗的如意原始信俗的活动场所为台东富岗新村海神庙。由于石浦和富岗两地的信众本来就是同族同宗，因此不管是渔山岛、东门岛的原始信俗还是富岗的原始信俗，其祭日、祭具、祭品、祭乐和基本内容大同小异，有的则完全一致。

[壹] 如意原始习俗的活动场所

一、石浦篇

　　数百年来，如意娘娘成为了渔山岛渔民的海上保护神，渔民出海捕鱼前要举行"开洋"仪式，捕鱼回家时则要举行"谢洋"仪式，祭祀如意娘娘，保佑自己平安、丰收。渔民平时生活中碰到了无法解决的难事，也都来求告如意娘娘指点迷津，渡过难关。一代代的渔山岛人，就在这种神奇的传统信俗和美好的精神慰藉中成长起来，如意信俗已经成为他们精神生活中不可或缺的元素。因此，如意娘娘的原始习俗，除了每年的农历七月初六日如意娘娘的诞辰祭祀外，还有一年之中的"开洋"和"谢洋"两个祭祀仪式。

渔山岛全貌

　　1990年，如意娘娘庙重建。新的娘娘庙建造于原娘娘庙的右侧，坐北朝南。新旧两座娘娘庙，围成了一个方形，共同构成了一个总占地面积为300多平方米的庙宇群。庙宇为二进两庙，黑瓦红墙。从村中的主干道迂回入内，拾级而上，进入刻着一副"佛坐渔山千秋地，庙对东海万年春"楹联的山门，右侧即为原来的娘娘庙，现已更名为王爷庙，写有门联"疗病苦万户安乐，保黎民十方安宁"，王爷与关帝爷也经过位移被并排置于庙堂的正中。再迈入写有"日月温暖雨调和，山清水秀不断流"字样的石门，正对的就是新建的娘娘庙。庙前的空地正中摆放的是台湾娘娘庙于2007年赠送的一尊铜质

功德香炉

功德香炉。庙门前有两座石狮,门匾上书"娘娘庙"三字,门两侧挂有"风调雨顺民安乐,国界安宁兵革销"的对联。字里行间透露出两岸的信众已不仅仅单纯地把如意娘娘作为保佑平安的海神,更期望这位神灵能够变身为和平女神,消除海峡两地之间的隔阂。在娘娘庙内,如意娘娘居正中位,前案置有香炉和烛台,上悬一盏油灯。右位为观音菩萨,左位是财神菩萨。在整个庙宇群中共供奉有五位神

灵,信众进入娘娘庙里上香,必须顾全到每一位神灵,按如意娘娘、观音菩萨、财神菩萨、池府王爷和关帝爷的顺序,依次在神像前的香炉上分别插上五支香,最后将所有剩下的香全插到功德香炉内。

在娘娘庙内的右边角落立有一块功德碑,上面刻有1990年重建渔山娘娘庙时的

如意娘娘

如意娘娘庙外景

乐助名单。在修建庙宇的过程中，一户人家将其户主的名字刻在捐献给庙里的器具上面，并列于捐献者的名单之中，使得这户人家作为一个重要的捐助人而有了声望。与此同时，捐献行为被看成是对神的持续保佑的一种感激，从助款石碑上的"功德"二字更可以见出捐献者的意图所在。倚靠在墙边的功德碑上，从右到左刻有"集资负责人 徐七寿 杨祥生 柯位林 周雪花 王阿朝 立"。从石碑上可以看到，乐助者中以台币和美金助款的名单皆由台湾娘娘庙领衔，其后跟随者都是富岗新村的渔山原住民。在这些信众之中，以柯姓家族为主体，该家族在民国时期聚居于南渔山岛上，共有十余户四十余人。当年主张将如意娘娘塑身带去台湾，而斗胆向蒋经国先生请愿的柯位林先生的名字赫然出现在石碑左侧的集资负责人名单之列。以人民币助款的名单上，除了台湾信众群体外，也有不少以个人名义进行助款的现居渔山岛的村民，更有六份助款是以渔船为单位，用渔船编号作为助款者姓名的。从这份石刻的名单上，可以清楚地了解到，渔山岛的娘娘庙完全是由民间自发集资重新建造的，其日常的庙务管理经费，也都依靠信众的香火钱来维持。所以从装修的角度来说，庙宇自然也显得比较朴素，简单粉刷的墙面都已经斑驳掉色。

渔山娘娘庙的管理体系十分简单，完全是出于单个信众的自愿，现在渔山岛娘娘庙的主要管理者是董莲菊。据说，她曾生病发烧三天三夜，病情非常严重，医生嘱咐她的儿子为其准备后事。有一

东门岛天后宫

天晚上，她梦见如意娘娘，第二天就奇迹般地恢复了健康。正是有这样的亲身经历，使董女士笃信如意娘娘的灵验，因此她非常虔诚地管理着娘娘庙，凭借一己之力操持各项庙务。

东门妈祖庙，又称天后宫，始建于宋代，占地约2000平方米，建筑面积1080平方米，有戏台，大殿五开间，供奉妈祖娘娘、送子娘娘、千里眼、顺风耳、平风、平浪、戚老爷、财神爷等神灵。祭祀时间是农历三月十五至二十三之间，称"开洋节"，实际正值妈祖生日。又有农历六月二十至六月二十三之间，称"谢洋节"，实际是妈祖升天的日子。

历次如意娘娘从台湾来石浦渔山岛省亲，往返之间，总要在东门妈祖庙（天妃宫）歇脚，又称"姐妹相会"。姐妹相聚期间，妈祖行神放在大殿大位（左侧），如意行神放在大殿小位（右侧）。届时，两岸的如意信徒们还要在两位女神旁守夜几天。

东门海神庙，2009年9月动工，2011年9月竣工，于当年开渔节期间投入使用。东门海神庙位于东门岛的黄泥崩山上，坐北朝南，大殿朝南五大开间，建筑风格与富岗的海神庙一致。占地面积为500平方米，建筑面积270平方米，配有厨房等辅助设施，供奉如意娘娘、妈祖娘娘、保生大帝、池府王爷、广泽尊王（药王爷）、财神菩萨、正德真神、顺风耳、千里眼、哪吒、虎爷等神灵。如意娘娘坐大殿正中位置，妈祖娘娘坐东首，西首是如意娘娘行神。祭祀时间是农历七月

东门岛海神庙

初六，请法师诵经，有远近村民信众前来普度、祝寿、护寿。

二、富岗篇

台湾富岗新村海神庙位于富岗新村东海岸，始建于1960年，占地600多平方米，有庙屋、戏台，供奉如意大娘娘（原渔山娘娘塑身，之前另奉小庙）、二娘娘、三娘娘（仿小）、妈祖娘娘、保生大帝、池府王爷、广泽尊王（药王爷）、财神菩萨以及众兵将，共计一百余尊。祭祀时间同样是农历七月初六，不过一般从初一就开始，连祭六天。请法师诵经，村民有二三百人普度、祝寿。除此之外，每年的农历正月十五，还举办庙会，抬各菩萨出巡。

富岗海神庙内供奉的神像数量众多，种类比渔山娘娘庙更为

富岗村全景　（吴伟峰/摄）

富岗新村海神庙

富岗新村的海神庙内，老人在点长明灯　（吴伟峰/摄）

丰、富，其中的许多神灵信仰都不曾在渔山岛地区存在过。虽然富岗海神庙与渔山娘娘庙祭祀的神灵有所不同，但所供奉的主神都是如意娘娘，也都在农历七月初六即娘娘生日之时举行祭祀仪式，只是富岗的海神庙因为同时供奉了妈祖娘娘、保生大帝、福德正神等神灵，更多体现出道教色彩。而渔山岛上的娘娘庙，其如意娘娘与观音菩萨等神同处庙内，其信仰色彩更倾向于佛教。

富岗的海神庙有着较为复杂的多级管理委员会，想要成为寺庙管委会的主委，事先还需要经过一定的遴选仪式。

海神庙有个完整的管理机构，称为"海神庙管理委员会"，现有委员四十多名，其最高管理人员是主委（主任委员），是由所有委员推选出来的，两名副主委则由主委选派。海神庙的现任主委是柯受球，负责全面工作，副主委协助主委工作。接下来的职位叫炉主，负责日常大大小小的事务性工作，还配有副炉主若干名。有趣的是，炉主既不是委员选出来的，也不由主委选派，而是由如意娘娘"钦定"的。农历七月初六是如意娘娘的生日，这一天都要举行盛大的祭祀活动，并进行选炉主活动。大家都到如意娘娘前掷"筶杯"，谁的"圣筶"最多就当选炉主，其次就是副炉主。"筶杯"是一种占卜用具，通常是以竹根削成半月形，平面为阳，凸面为阴。祈祷神灵时，一对筶杯合于手中，掷于地上，观其阴阳，以占吉凶。若一对筶杯两

筶杯

个都是阳面，称"笑筶"，表示冷笑，即无效。若两个都是阴面，称"伏筶"，表示神在生气，即否定。若一阴一阳，称"圣筶"，是神表示肯定和采纳的意思。

[贰] 如意原始信俗的基本内容

一、石浦篇

渔山岛的如意诞辰祭祀仪式时间为每年的农历七月初六，即如意诞辰日，每年在渔山岛的如意娘娘庙举行。如意诞辰祭祀仪式由如意娘娘庙的当家人董莲菊主持组织，参加者为渔山岛上的信众。如意诞辰祭祀仪式的主要内容是举行法会仪式，其内容分为白天的诵经拜忏和晚上的瑜伽焰口。

如意诞辰举行法会，目的是祈求神灵、菩萨的庇护，让渔区民众及一切众生消除违缘，永具顺缘，保佑渔民出海平安、丰收，感谢神灵和菩萨的恩泽。如意诞辰法会仪式的举行，不仅在于人与神之间的沟通，还在于人、神、鬼三者之间的沟通，其中唱、念、做、打（法器）等贯穿整个法会仪式。

举行法会的时间通常根据信众所捐功德款的多少而定，有一天的，也有两天、三天的。一般在如意诞辰的前三日或者前一日进行，具体日子要由当事人掷"筶杯"请如意娘娘择定。白天的诵经仪式在大殿内举行，晚上的瑜伽焰口仪式则在殿内或殿外举行。民众认为如意诞辰的日子是大吉大利的日子，也是烧香拜佛的好日子，因此会有很多岛上的信众持供品前来敬拜菩萨。法会所念经文一般都是《消灾延寿药师宝忏》、《大乘金刚般若宝忏》、《瑜伽焰口》等。

渔区民众习惯用法会、庙戏的方式为神灵庆贺诞辰，久而久之便形成了传统的祭祀内容。正因为有这样的祭祀传统，民众们都会自发地集资为神灵庆诞。在诞辰祭祀仪式进行前，庙宇当家人只需将如意诞辰的具体时间告知，民众会把"功德费"交至庙宇当家人手中。如意娘娘庙当家人董莲菊拿到筹集的资金后，须在如意诞辰祭祀仪式前买好仪式所需物品，如香烛、盘头、供果、疏文等，并将

供品

所有捐资者的姓名、年龄、家庭住址分别写到疏文上。为如意娘娘诞辰准备的供品至少八盘以上，主要以时令水果为主。同时还要邀请做法会仪式的法师，这项工作由天后宫住持联系。

法会仪式的参与者除了执仪的七位法师外，还有岛上自愿参加法会仪式的信众。这些信众均较熟悉法会仪式程序和经文唱诵，他们围坐在庙宇厅堂两旁的桌上，随着唱诵的经文折纸锭，嘴里默念着"阿弥陀佛"，必要时会参与拜佛、绕佛、点香等仪规。他们很熟悉仪规的整套程序，有时无需法师示意便会自觉参与其中。

法会的所有法师均来自东门岛的各大庙宇，他们出家的时间都在十年以上，在来东门岛各大庙宇做住持之前，他们中的大多数人在广州或是浙江的台州、温州、宁海等地的庙宇做过法事。

（一）法会仪式具体程序和内容

1. 上午法会仪式程序有开忏和诵忏文。主题是消灾延寿药师宝忏，内容有法师敲磬并拜三拜开忏、杨枝净水赞、南无大悲观世音菩萨、大悲咒、小悲咒、观音赞、摩诃般若波罗蜜多、心经、廻向偈、炉香赞。此后为诵忏文内容，经书开卷，诵《消灾延寿药师宝忏》、大殿内佛前大供、炉香赞。其间香灯师发给信众每人一支香，信众到妈祖娘娘前供上香，此环节有时可省略，决定权在香灯师。具体内容为：香灯师开始在大殿妈祖娘娘前供佛斋五菜一饭并开路，然后发给在场信众每人一支檀香，信众上香；再诵经文《南无灵山会上佛菩萨》，续佛前大供（南无常住十方佛，南无常住十方法……）；诵《南无大乘常住三宝》，宣读疏文、通名单；续佛前大供（天厨妙供……南无禅悦藏菩萨摩诃萨摩诃般若波罗蜜），续佛前大供（三德六味供佛及僧法界有情普同供食……）；最后烧疏文、名单，上午法会结束。

2. 下午法会仪式程序主要是诵忏文和收忏。主题是大乘金刚般若宝忏。内容有经书开卷，诵《大乘金刚般若宝忏》，接诵《心经》，其间信众随法师一起绕佛三圈，众唱"南无消灾延寿药师佛"数声后归位，并在妈祖娘娘前烧金元宝。收忏内容有廻向偈、三皈依。

3. 晚上法会仪式程序有请圣坛前上供和拜座、登座、施食。主题是吉祥焰口。内容有请圣坛前上供，炉香赞，中间法师起腔，法师持文说法（消灾教主紫金光……二十八宿保安康）。法师、信众持香到面然大士坛前，诵《面然大士赞》，持小木鱼的法师起腔，法师、信众上香，唱赞（天厨妙供……南无禅悦藏菩萨摩诃萨摩诃般若波罗蜜）。法师、信众上香；法师、信众分别到几个孤魂台上香；法师、信众到厨房给灶神菩萨上香；法师、信众到地桌孤魂台上香，念四生六道满恒沙……超度孤魂脱苦丘，后念"南无阿弥陀佛"归位大殿，中间由小木鱼法师起腔，法师、信众上香，站在中间的金刚法师独念，持小木鱼法师起腔，法师向里、向外拜，后上金刚台，拜座、登座，念"南无阿弥陀佛"，道场成就（开始拜瑜伽焰口），杨枝净水赞、凖提神咒、法师说文、幽冥教主本尊地藏王菩萨、瑜伽焰口施食要集（观世音菩萨慈悲摄受），施食，法会圆满，南无大乘常住三宝，持木鱼的法师完成，法师走下金刚台，法会圆满结束，宣疏文、通名单，续瑜伽焰口施食要集，廻向偈，施食功德，三皈依。

渔区民众用法会的方式娱神，祈求消灾、延寿、保平安，同时超度鬼魂，保佑渔村太平。放焰口是如意诞辰祭祀仪式中必不可少的佛事，其他经文则可根据每年信众的意愿而自由选择。

（二）渔山岛"开洋"、"谢洋"祭祀仪式

渔山岛渔民在"开洋"或"谢洋"时也要举行法会，目的是祈求神灵、菩萨的庇护，让出海的渔民消除捕捞作业的障碍和危险，保佑渔民出海平安，满载而归。

"开洋"的祭祀时间一般在农历三月十五至三月二十三之间（闰年在四月初一至初八），必须选择在早上涨潮时，隐含财源随潮滚滚而来之寓意。祭祀的人一般都是长元（或老大），主祭人要在前一天剃好头，并在晚上用红糖水洗好澡，第二天穿上新的（或干净的）衣服与长元、伙计一起到庙宇里祭拜菩萨。首先，在大殿前天井东西两侧，各放八仙桌一张，分别供上猪、羊，供天地神祇。然后，在大殿中堂放八仙桌两张，摆上用红漆桶盘装的鸡（熟的）、肉（熟的）、鱼、蛋、面五大盘供品，也有六大盘乃至八大盘的，再供上用红的小祭盘装的五果、点心及三茶两米。吉时到，主祭船主点上一

对大红蜡烛，倒上十二杯老酒，上香跪拜，并向神灵虔诚祈祷，祈求神灵保佑出海一帆风顺，平平安安，捕鱼丰收。有的向神灵许下愿，许愿的内容多种多样，有塑菩萨、修庙宇，也有造桥、铺路，还有做庙戏等。酒过三巡，长元跪拜三次，接着船上众伙计（船员）跪拜，等一炷香将燃尽时，烧上经（念过经文的纸钱、纸牒），祭祀仪式结束。

在祭祀仪式结束后，接着就是请"菩萨"上船。由长元（老大）双手捧红漆大桶盘，红漆桶盘中放着供品，中间放木雕（或泥塑）菩萨一尊，也有的在神明前求得三角小旗令箭一支或香火袋一个，以代神像，插在四角香袋上，有的两旁放顺风耳、千里眼神像，菩萨前插红烛一双、香三支。出大殿时，由船上二肩（大副）撑一顶黑色布伞护着，三肩（仓面负责人）提灯笼在前面引路，后面跟着手持香的伙计，恭恭敬敬地把菩萨请上渔船，放在船圣堂神龛内（初时船上没有神龛，只能把菩萨放在大捕船的大梁头橹后面比较干净、脏东西碰不到的地方）。礼拜后退出，把引路的灯笼挂在船头，以驱邪保平安。三月二十三趁良辰吉日，顺风顺水，渔船出海。岛上这天人声鼎沸，船头上红旗招展，船埠上人头攒动，送行人群如潮，为扬帆出海的亲人祝福送行，锣鼓声、鞭炮声震耳欲聋，在开船号声中渔船扬帆出海。

"谢洋"是黄鱼汛结束时举行的，大约在每年的农历六月二十至六月二十三。渔民把平安和丰收，归功于如意娘娘庇佑。渔船平安归来后，长元（老大）都要在娘娘庙举行隆重的谢洋祭祀仪式。在如意娘娘神明前，奉上供品。长元（船主）上香，众伙计跪拜，虔诚还愿，感激保佑。祭祀内容和方式与"开渔节"差不多，只是少了请神的环节。

二、富岗篇

如意信俗在石浦的渔山岛已延续了数百年，已成为一种成熟、完备的民间信俗。1955年，当原渔山岛岛民携带着如意娘娘神祇迁移到富岗时，跟他们一起迁移来的还有完整无缺的如意信俗仪式。经过半个世纪的变迁，富岗如意习俗在延续渔山岛传统习俗的基础上，又增添了新的内容。较之渔山岛的原始习俗，富岗如意信俗的内容更加丰富，场面显得更加热闹和隆重。每年农历的六月十八、七月初六和正月十四是如意信俗的三大节日，"六月十八"是池府王爷生日，"七月初六"是如意娘娘生日，"正月十四"元宵节（石浦人历来在正月十四闹元宵，俗称"十四夜"），这都是富岗村民祭神的重要日子。在这三个日子里，富岗村人都要举行盛大的祭祀活动，全村的男女老少都会聚集在一起，就连远在千里之外工作的游子也会回来，一起参与庙庆祭祀活动，像过年一样热闹。

纵观如意娘娘的信仰史，石浦渔山岛与台东富岗两地的原始信俗一脉同宗，自清代产生起一直延续至今，其原始的祭祀仪式也大同小异。富岗如意信俗的祭祀仪式，与渔山岛的如意祭祀仪式基本相同。无论是诵经、拜忏还是瑜伽焰口，都延续了传统的习俗内容。除此之外，富岗的庙戏跟石浦的庙戏有所不同，石浦的庙戏是人、神同娱共乐，而富岗庙戏的目的则显得更为纯粹，就是专程请神看戏。庙戏进行时，民众不来观看，表演者只对着济济一堂的神灵演唱。除上述不同之外，富岗如意信俗还有一个非常特别的祭祀仪式——请神仪式，这个仪式是石浦如意信俗中没有的，也是富岗如意信俗中独有的一个祭祀仪式。

富岗如意信俗中的请神仪式是一套带有神秘色彩的程式，这套程式是祭祀者与神灵沟通的媒介，也叫"请五将"。通过这种仪式，使神灵"附身"，为大众指点迷津、消灾赐福。"五将"指的是"东、南、西、北、中"五位将军，分别由五面令旗表示，是神祇座下的开路先锋，只有通过这五位将军"操练兵马"，才能请出各位神祇。

"请五将"先要准备好各种法器，主要有：一口红色的"东南西北斗"，里面装着祛邪用的盐米；斗里还插着"东南西北中"五面将军令旗和各种法器；五块红色的"法旨"，形如惊堂木，是五将在念咒过程中用来敲击的；一条长长的麻质鞭子状的"法绳"；还有传统的法器"五宝"，分别是"七星剑"、"鲨鱼剑"、"月斧"、"铜棍"、"刺球"，那是五将的兵器。

仪式开始，五将分列两旁开始念"请神咒"：

请神祭器"神兵利器"

拜请李府元帅、广泽尊王、保生大帝、池府王爷，是自民落清香，八枪给你金刚给你弟子落伏王，把望给你真武大将落军夫，五步给你一切给你现如落下云，五燕给你正神大步落萨下，三世给你金刚你下天落玄坛，观音给你水符危险落危险，四周给你九座给你天神落显通。

清水给你泰山同下落嘉下，珠砂给你伏音给你显身显同，金关给你地关五代落西下，八大给你金刚给你下天落显王。

向山给你杀山二代落西下，哪吒给你送威给你扶机落给伊。山西给你分符下天落嘉下，下代给你扶机给你降下强弟子给你坛前三拜落齐香，拜请李府元帅、广泽将军、保生大帝、池府王爷。神兵火急如律令。

锣鼓给你正气祖分落分分调倒东营是九义落义军，军马给你九彩九万落嘉下，头剃给你头毛给你心带落下江手刺，给你长枪给你火烟落显旗灵车，给你走错排兵落嘉伊排兵百将是请落东营神兵火急如律令，调南营是八万落军芬，调倒西营是陆种落凉军，调倒北营是五代落西下，调倒中营是三清落凉军。

五将并非固定的五人，可以由八九个祭祀人员轮流担任。念咒是持续不断的，贯穿着请神仪式的全过程，咒语就像是曲谱，统领着仪式的进行。在浑厚粗犷的咒语声中，五将轮流出场"操练兵马"。他们首先手执法绳舞动起来，手舞足蹈，口中念念有词，仿佛进入一个迷幻状态。舞法绳好像是一个序曲，五将轮流上场舞毕法绳，开始进入实质性的"操练"。战鼓擂起，东南西北中五位将军赤裸上身，各自手执自己的五宝兵器，轮番上场"操练兵马"。这时，祭祀现场是"刀光剑影"，笼罩在一片灵异的气氛之中。五宝兵器都是金属材质的真家伙，五将在操练时，这些兵器或砍向或刺向自己赤裸的后背，不一会儿，背部就现出斑斑血迹。

五将轮番操练完毕，现场按照东西南北中五个方位排出五个红色铁桶，在铁桶内焚烧金箔纸，一将舞动"法绳"，结束操练，开始正式请出神祇，登坛作法。如意信俗是多神信俗，请神仪式中请出的神祇不一定是如意娘娘，通常可能就是池府王爷，或者其他神祇，如意娘娘一般要在比较重大的活动中"现身"。这时，五将中的两将请出一尊小型的池府王爷神像，两人各执一端，托举在手里，你来我往，看上去好像拉锯一样在"争夺"神像。一旁的五将都在不断地念着咒语，两将目光迷离，如梦如幻，仿佛进入一种催眠状态。据说，此时此刻，这两将已经"神灵附身"了，他们梦幻般的"拉锯战"实际上是神灵通过他们的手在"写天书"，而一旁的五将则通过观察他们的"拉锯战"来解读"天书"。一般是有人碰到难事求告神灵，请神灵指点解难，神灵就是通过这样的方式来解答问题的。问题解答完毕，"请五将"仪式正式结束。村民们摆出鱼肉酒菜等供品，面向大海，祭海谢神。礼毕，在高高的"金炉"里焚烧金箔纸，炉膛里那熊熊的火焰，寄托着小石浦村人对美好生活的无限向往。

如意信俗的专业性祭祀人员都是"神定"的，除了五将外，还有一位重要的角色叫"乩童"。那是神祇的代言人，一般只有在重要的请神活动中才会"扶乩"，替神代言。乩童并不是如意信俗中独有的，他是中国道教仪式中的一类神职人员，类似西方的灵媒，是神与人之间互相沟通的媒介。神灵上身称为"起乩"，而整个作法过程则被称为"扶乩"。

富岗村海神庙的乩童柯为民，1946年出生，他九岁时从渔山岛来到台湾，十六七岁时成为乩童。当时，从渔山岛来的老五将和老乩童年纪都比较大了，需要选择一批新人来传承如意信俗。这一年，柯为民和其他十几位年轻村民被列入五将和乩童的候选名单，

本坛咒

本壇咒

谨请本壇诸猛将　列位金刚雨慈尊
真天真武大将军　五步一切显如云
普贤正神大菩萨　三世张公下贤壇
观音水府危险险　四週救世展神通
亲率泰山同下降　珠砂符印六神童
金阙地阔五大帝　八代金刚六天王

他们进入海神庙"做禁"七天。"做禁"就是庙门紧闭，相关人员吃住都在庙里，不能离开庙门半步。这七天时间里，老五将要作法请神，举行各种仪式，使"神灵附身"，选定新的五将和乩童，柯为民就是这样被"神定"为乩童的。新五将和新乩童选出后，老前辈们就给他们传授各种"法术"，如意信俗的请神程式就这样通过老一辈的言传身教，一代代传承了下来。

富岗如意信俗中还有个很有特色的仪式，就是正月十四烧平安茶。正月十四作为富岗人的元宵节，是重要的祭神日子。这一天，海神庙外会架起几口大锅，开始烧茶。然后举行请神仪式，烧平安茶请的是泉州王爷。通过仪式，神灵指定两个人上山采药，这两人就捧着泉州王爷的神像，带着五六个帮手，连夜上山采草药。据说，整个采药过程都是神灵在"指引"的，要采哪些草药、采多少数量、在哪儿采，神灵都会在冥冥之中"告知"采药人。

草药采来后，就放入沸腾的大锅里，加入姜、红糖、红枣和上等好香等配料一起煎熬。平安茶烧成后，全村家家户户都来取茶，男女老少争相喝平安茶，祈愿岁岁平安、生活安康。按照习俗，平安茶一般是在正月十四烧的，但也有破例的时候。如2003年"非典"流行时，富岗村专门烧了一次平安茶，以祈愿全村平安。如今，富岗村的平安茶有了名气，不但自己村子里的人喝，很多外村人也纷纷前来"求茶"。

海神庙请神仪式

海神庙请神仪式

海神庙请神仪式

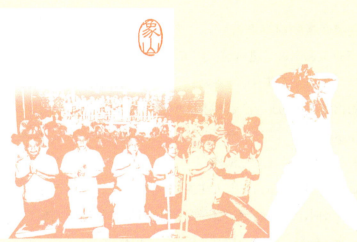

如意省亲迎亲仪式的基本内容

如意省亲的出发点为台东富岗的海神庙，终点为石浦东门的天后宫，需要跨越海峡两岸最终合而为一。如意省亲迎亲仪式是从老仪式中延伸发展而成的，在承袭老仪式的基础上又有所创新。

如意省亲迎亲仪式的基本内容

[壹]如意省亲迎亲的前期准备

在如意省亲迎亲仪式进行前，东门岛天后宫当家人和富岗村管委会主任都会做好准备工作，准备如意省亲迎亲所需器物，购买仪式中所需的物品，如香烛、盘头、供果。所备的供果至少八盘以上，主要以时令水果为主。同时还有人事安排，如意省亲迎亲仪式主要由祭祀典礼、路上巡游及文艺演出等几部分构成，在进行过程中涉及方方面面的人员。天后宫当家人在安排仪式执事人员、民间演出团队等具体事务时，当地政府和文化部门也同时给予了大力支持。

仪式之前，东门天后宫一切准备就绪。山门横梁上拉起了"欢迎台东如意娘娘省亲代表团"的横幅，下悬两盏大红灯笼，竖写的"天后宫"三字匾额两侧分别挂上一个大红绣球。进门戏台下也预备好一猪一羊，牺牲背部都贴了一张红色方纸。戏台与大殿之间的空地上摆放了一张黄布铺设的香坛以及两张方桌。大殿额枋上悬有"石浦—富岗（小石浦）妈祖·如意省亲仪式"的横幅。

对于仪式中最重要的祭器和祭品，石浦和富岗方面分头准备，尤其是迎亲典礼中所需的祭器和祭品，由天后宫当家人具体安排。

1. 石浦渔山娘娘庙、东门妈祖庙所备祭器和祭品

（1）祭桌、八仙桌；

（2）香、烛；

（3）供品：鱼、肉、鸡、蛋、猪头（整只带尾）、水果、点心；

（4）红桶盘；

（5）佛经：《金刚经》、《大法华经》、《地藏经》等；

（6）打击乐队（东门船鼓）：大鼓、中鼓、大钗；

（7）旗、幡；

（8）娘娘坐轿、替凳。

2. 台东富岗海神庙所备祭器和祭品

（1）祭桌、八仙桌；

（2）香、烛；

（3）供品：鱼、肉、鸡、蛋、猪头（整只带尾）、水果、点心；

（4）红桶盘；

（5）佛经：《金刚经》、《大法华经》、《地藏经》等；

（6）打击乐队：大鼓、铜锣、锣、小钗；

（7）旗、幡、黄罗伞、横标旗、三角标旗（上书神号、富岗村名）；

（8）娘娘坐轿、替凳；

（9）彩灯装饰、发电机、功放、音响。

如意省亲的前期准备

另外，台湾方面自带的旗、轿做工精致，极富民族特色。配备现代电器，效果很好。

3. 如意省亲迎亲仪式所备祭器和祭品：

（1）全猪一头（卧姿）；

（2）全羊一头（卧姿）；

（3）大烛一对；

（4）祭天蜡烛一对；

（5）大香若干；

（6）牲畜抬架两副；

（7）八仙桌两张（置于天井）；

（8）跪桌十八张（含跪垫，置于大殿）；

（9）礼仪文本两本；

（10）礼仪托盘四件；

（11）炮竹适量；

（12）小红灯笼（红色，单盏或成串）；

（13）大灯笼十二盏；

（14）彩旗、龙旗四十面（各色，三角龙旗）；

（15）庙门横幅一条（红底黄字，软条幅）；

（16）大殿横幅一条（蓝底黄字，硬横额）；

（17）引导牌四块（白底红字）；

准备祭品

（18）主拜牌六块（红底黄字，三角牌）。

[贰]如意省亲迎亲的停留站点

如意省亲迎亲仪式的总过程需要一周时间，因中国（象山）开渔节在每年的9月15日举行，而如意省亲迎亲仪式是中国开渔节系列活动的组成部分，因而如意省亲迎亲仪式都在9月15日前举行。台东富岗的如意省亲队伍一般在一周前出发，年老的信众和小菩萨乘坐飞机，年轻的信众护送大菩萨从金门马祖到福建，再从福建坐车到宁波（近年来有几次直接从台湾坐飞机到宁波），先在宁波住一夜，第二天再到石浦。总的来说，如意娘娘从台东富岗村出发到省亲迎亲仪式结束后回到富岗海神庙，时间至少需要一星期以上，除了台东与石浦路途中的往返时间，实际省亲停留的时间是三到四天。

台东富岗省亲团一行抵达象山石浦后，不会马上举行仪式。在仪式举行之前，先将如意娘娘等众神灵的塑身暂时请至位于石浦碗行街口的江心寺（2008年在江心寺，2011年东门岛海神庙落成后，改为在海神庙）。江心寺原庙建造于海边的岩石之上，因其独立海中之势而得名。庙内主奉观音，是一座单层三开间的庙宇，与省亲仪式中如意所在的东门天后宫隔着石浦港遥相对望。

到了举行仪式这天，台东富岗省亲团一行从江心寺出发，一路浩浩荡荡去东门岛的天后宫。东门岛上的天后宫是象山地区历史最

石浦江心寺

为悠久的妈祖庙，起建年代说法不一，有的说是宋代，有的称建造于元朝，还有的传是明朝洪武年间建造的，清嘉庆二十四年（1819年）又获重建。2002年12月31日，象山县人民政府将东门天后宫列入县重点文物保护单位。天后宫建筑界址南至村民谢定飞房屋的后墙，西至西街，占地面积约2000平方米，二进二横，逐步提升。庙外大门为三门三洞，其中中间的额枋上置有"天后宫"匾额。入门为倒座门楼连戏台，并有众多柱刻楹联和龙凤雕刻。

台东富岗省亲团一行上东门岛，如意娘娘落地时要做落地祭，经过各大路口时要做路祭，其间当地的民间表演队一路随行表演。

人们将富岗广泽尊王抬进东门天后宫

省亲团在路上

路祭结束后，台东富岗省亲团一行抬着如意娘娘神像沿街巡游至天后宫，再在天后宫举行盛大的迎亲典礼仪式。典礼仪式结束后，如意娘娘先在天后宫住几夜，其间天后宫方面还要进行护神、赠礼，如有朝拜的信众还要举行客祭。之后如意娘娘还要去渔山岛娘娘庙、石浦广泽尊王庙、延昌保生大帝（泉州会馆）、沙塘湾池府王爷等各个庙宇走走，以表示来看望故乡的各路诸神，聊表思乡之情。

石浦北镇寺尊王宫坐落于吉城山坡之上，占地面积2000余平方米，大殿三间，双层厢房三间，置有戏台，又于民国22年（1933年）得社会捐款重修（在"文化大革命"时期，寺产由房管所征租移用至今有待落实）。相传元末明初，明将常遇春攻破福州，海疆扩展，闽人纷纷来浙江捕鱼。为保海上平安，闽人先祖将广泽尊王神像随船带上，时遇风浪大作，渔民将尊王神像供奉，祈求保佑，从而风平浪静。渔民认为这是广泽尊王神威所致，来年选址安身建庙供奉，从此尊王宫香火兴旺，朝拜信徒甚多。

沙塘湾王爷庙内供奉主神池王爷，池王爷是南京人，姓池名然字逢春。明万历三年中武进士、文举人，赴任漳洲府道台，途中在马巷小盈镇休息，遇瘟神要往漳洲布送瘟疫以裁减人口。道台心中忖度，上任伊始漳洲民将遭灾殃，即智取瘟药自服，以己身代漳郡万千生灵。遂即化身于马巷，瘟神请奏天庭，玉帝甚为感动，敕封代天巡狩总巡王镇守马巷元威殿，自明迄今威灵显赫，名闻遐迩，分炉其多。闽南十四县市三百六十四炉，台湾以池王为主神的庙宇有三百余座，池王庙宇遍布东南亚各地，一年四季香火鼎盛，每逢池王圣诞（农历六月十八）更是人山人海，盛况空前。

[叁]东门岛如意迎亲路径和流程（以2009年为例）

（一）地点

1. 起点：东门轮渡码头边的沿港马路。

2. 终点：东门天妃宫门口。

（二）时间

每年9月中旬下午二点（从2010年起改为上午七点三十分），迎亲队伍提前四十分钟到达指定地点，等如意娘娘省亲队伍到达后，路上迎亲开始。

（三）现场布局

1. 迎亲队伍在东丰渔村（东门渡轮码头段）马路两边列队接驾，步行巡游进村（每支表演队伍分两组分别立于马路两侧）。

列队顺序：（从码头方向起）

（1）石浦广泽尊王庙对锣队；

（2）东门船鼓队；

（3）石浦广泽尊王庙队；

（4）沙塘湾王爷庙队；

（5）龙灯队（两条龙）；

（6）石浦鱼灯队；

（7）鹤浦龙舟队；

（8）东门代表队；

（9）象山渔山代表队；

（10）象山沙塘湾代表队；

（11）石浦广泽尊王代表队。

2. 台东代表队在码头路口下车后步行进村（迎亲队伍也一起进村）。

进村队伍列队顺序：

（1）石浦广泽尊王庙对锣队；

东门岛如意迎亲队伍

（2）东门船鼓队；

（3）如意娘娘省亲队；

（4）石浦广泽尊王庙队；

（5）沙塘湾王爷庙队；

（6）龙灯队（两条龙）；

（7）石浦鱼灯队；

（8）鹤浦龙舟队；

（9）东门代表队；

（10）象山渔山代表队；

（11）象山沙塘湾代表队；

（12）石浦广泽尊王代表队。

（四）路祭安排

1. 东丰渔村路祭

当省亲迎亲队伍行到东丰渔村村口广场时，东丰渔村路祭开始。路祭时，民间表演队伍在广场上自由表演。

2. 东渔村路祭

东丰渔村路祭结束后，队伍按照原来的排列顺序前行至东渔村村大楼前，东渔村开始路祭，民间表演队伍在村大楼门口广场自由表演（路祭由村里安排，民间表演队的表演主要县由文化馆负责，公安负责路祭周围拉临时警戒，进行交通管制）。

3. 省亲迎亲队伍进村

民间表演队伍（除对锣、船鼓外）在路祭表演结束后留在村口不进村（表演队伍可以返回），省亲队伍则继续引领各支队伍进村。

进村队伍排列顺序：

（1）石浦广泽尊王庙对锣队；

（2）东门船鼓队；

（3）如意娘娘省亲队；

（4）石浦广泽尊王庙队；

（5）沙塘湾王爷庙队；

（6）象山东门代表队；

（7）象山渔山代表队；

（8）象山沙塘湾代表队；

（9）石浦广泽尊王代表队；

（10）香客与群众。

省亲队伍到达天后宫娘娘庙门口时暂停行进，这时对锣队、东门船鼓队留于庙门口空地，送省亲队伍进庙后歇锣鼓，随即由司仪安排进庙。

[肆]如意省亲迎亲的基本内容

如意省亲迎亲习俗是在石浦和富岗两地的原始习俗基础上产生的新习俗，其产生的根源在于本为同根同宗的相同习俗。如意省亲的出发点为台东富岗的海神庙，终点为石浦东门的天后宫，需跨越海峡两岸最终合而为一。如意省亲迎亲仪式是从老仪式中延伸发展而成的，在承袭老仪式的基础上又有所创新，整个仪式的完整过程由起身祭、路祭、落地祭、护神、赠礼、客祭、送别祭、回庙祭八个环节组成。

一、起身祭

如意娘娘从富岗海神庙动身前往象山石浦，动身前先掷"筶杯"，请如意娘娘择定吉日，在得到娘娘的肯定后才可以动身。动身前在富岗海神庙先祭拜如意娘娘，再进行请神。请神时要放盘头五荤：鸡、肉、红蛋、鱿鱼，有时不放鱿鱼也可以放长寿面；五果：

苹果、香蕉、桃子、李子、橘子（或红橙，也可以是当季水果）。先祭拜如意，再祭拜池府王爷、广泽尊王、保生大帝，请正德真神（土地公）。每年举行省亲迎亲仪式时都会有一个巫弟，这是池王爷的替身，也有如意娘娘的替身，如意娘娘替身一般是女的，池王爷替身是男的，有时则是广泽尊王的替身，每次不一。一般海神庙都请替身来择日，决定几时动身。

如意娘娘要动身了，海神庙要进行请神祭祀仪式。由五将主持护法，五将开始念请神咒，边念边请神。这时候巫弟先是坐在边上，神附身巫弟后，巫弟脱掉衣服，脚踏八卦阵，手里舞动各种神器，开

富岗海神庙起身祭

富岗海神庙起身祭

始请神仪式。这时，旁边的五将也一边烧经一边请神。请神仪式结束后，如意娘娘和其他菩萨才可以出门。这时路上已没有阻隔，一切障碍都已扫除，神可以出来了。

二、路祭

如意娘娘在进村进庙的路上，要举行路祭。路祭时间不定，有时是上午，有时是下午。在娘娘到来时，一般有两个路祭，分别在东门渔村村口和东丰村路口。在通往天后宫的小弄堂之前，队伍暂停下来举行路祭仪式。路祭仪式的场地选在东门渔村渔民会所前的空地上，事先摆放好了两张呈前后位的八仙桌，右侧摆着一张小支桌。方桌首排正中是一个系了红带的香炉，两旁各设一烛台。其后四排为鸡、猪肉、鱼、红蛋、包子、饼干、水蜜桃、火龙果、荔枝等供品，第五排为四盘扎成宝塔状的瓜果，最后是两个锡制老式酒壶和一排酒盏。小支桌上则摆放着用金锡箔折制的元宝和经文。村中的信徒都非常有秩序地站立在道路的两旁，手持一支香来迎接如意娘娘的到来（香是当场分发的，并不是信徒自行带来的）。

如意娘娘省亲队伍游行到东门渔民会所后，将各神灵塑身面朝

东门渔村路祭

大海，背对会所放置。经过简单的上香、烧经仪式之后，队伍重新出发，左拐进入小弄堂，直奔天后宫。原本守候在主干道两侧的信徒们也一路尾随，有的信徒将手中的香插到神像前的小香炉里，更有信徒不顾雨天地湿，虔诚地捧着香跪在东门天后宫前。在仪式结束之前，除了台湾富岗的省亲团和举行仪式的相关人员，象山当地的一般信众，包括之前参与到省亲队伍游行中的人员都不能进入东门渔村的天后宫。额外允许进宫的是一些媒体记者，这些媒体基本是宁波特别是象山本地的纸质媒体和电视媒体，其间也能看到台湾方面如东森电视台等记者的身影。为了保证仪式的顺利进行，当地派出了武警官兵在宫门外站岗，进行现场秩序的维持工作。

　　如意娘娘到来时，路上不仅有石浦和富岗两地的省亲迎亲队伍，还有很多民间的迎亲文艺团队，他们一路上表演文艺节目，组成了巡游队伍，步行进入东门岛村。为首的是女性村民组成的东门岛女子船鼓队，她们身着清一色的蓝印花布中式服装。接着是富岗的省亲团，他们也有统一的服饰，一身黄色的运动短袖和长裤，头戴写有"富岗海神庙"字样的鸭舌帽。短袖在前胸和后背正中都绣有图案和文字。前面是如意娘娘的卡通版形象：以明黄为主色调，在如意娘娘的衣摆处框以红色，神像下方标红底白字的"平安祈福"字样，四字之间又有以圆形框架圈起来的白底黑字竖写的"如意"二字相隔，整体图案和文字周围还用玫红、正红、深红三色的花边从

石浦—富岗如意省亲迎亲仪式

上至下进行了装饰。后背则较为简单，是"台东海神庙"的文字及花形饰边。

　　走在富岗省亲团最前面的是一位手举台东小石浦牌子的信众，一位手捧香炉的中年男子和一位身着红褂的老者作为阵头紧随其后，起到引领神灵的作用。冉冉升起的缕缕青烟代表着信众对如意娘娘的敬意，这是最底层的民众与高高在上的神灵交流的方式。随后是令旗队，从右至左、从前至后，分别是一人举的橙色底蓝色边的如意娘娘三角令旗、黑底红边的池府千岁三角令旗、黄底红边的海神庙三角令旗、红底绿边的广泽尊王三角令旗、四人抬的"王旨凤山寺海神庙如意娘娘池府千岁保生大帝广泽尊王"的双面四方旌旗以及一人手捧的白、红、黄、绿、蓝五色绣有龙纹的五令旗。每面小令旗上还系有一黄色红字的长条，上书"某营某公圣者某军多少人"的字样（某营中的某都是方位，即东西南北中），如蓝色小令旗上的黄色长条上写有"北营连公圣者五狄军　五万人五千万人"，绿色小令旗上的黄色长条上写有"东营张公圣者九夷军　九万人九千万人"。这五面小令旗共插于一红色的小木桶中，同插其中的还有宝剑等"神兵利器"。木桶表面则有用黑笔写的"东"、"西"、"南"、"北"四字，桶身上还贴了两道斜十字交叉的黄色符咒，符咒上端自右向左写"台东县海神庙"，令符下端同样自右向左竖列写着"广泽尊王　保生大帝　风调雨顺　如意娘娘　中坛元帅五营将

军　李府元帅　池府王爷　国泰民安"。令旗队以凉伞收尾,其后即是从富岗海神庙移驾而来的众神明塑身,顺序依次是伏虎在前的保生大帝、黑脸的池府千岁、红脸的广泽尊王。三尊塑像的案前均摆放一束香、两束百合,塑像身后皆插有五色令旗,亦均由四人合抬。这三位神明之后就是如意娘娘的华辇,一大一小两座塑身,置于有轮的木架之上,可以推动前进。如意娘娘大塑身在前,着凤冠霞帔坐于龙椅之上,华盖之上写有"如意娘娘"四字,背后亦插有五色令旗,不过尺寸要大得多,还有两把绣有龙纹的双面摇扇,正面竖写着"如意娘娘",背面则一左一右分写"日"、"月"二字。如意娘娘小塑身头戴璎珞珠冠,身披锦袍,外罩红色披风,相比较大塑身要朴素一些,华盖之上写着"天上圣母"四字,座前还有千里眼、顺风耳引路。在大小如意娘娘后面,则是由八人大轿抬的海神庙华辇,华盖中央还有双龙戏珠的造型。轿内设海神庙各位神灵的小塑身于一体,华辇周身装饰着金碧辉煌的龙凤雕刻。这些是台东富岗(小石浦村)省亲队伍的完整排列情况,尾随其后的则是与开首之锣鼓队相呼应的石浦本地迎亲队伍,他们举着各式的鱼灯,热闹非凡。路祭结束后,迎亲队伍就在东门渔民会所等待,等仪式结束后再重新出发,队伍直接去天后宫。

三、落地祭

如意娘娘省亲团步行至东门天后宫前,令旗队先入宫内,保生

　　大帝、池府千岁与广泽尊王随即也被抬进大殿，落座于妈祖神像的右侧，从中间往右分别是保生大帝、池府千岁，最右边则为广泽尊王。如意娘娘华辇等暂停在宫外。当仪式司仪喊到"娘娘进庙"的时候，省亲团将如意娘娘请出华辇，将华辇停放在宫外右侧，以如意娘娘小塑身在前、大塑身在后的顺序抬进天后宫内，安放在妈祖神像的右侧，而摆放时又将大塑身靠近妈祖神像，小塑身则置于外侧。等诸位神灵的塑身都请进东门天后宫内后，祭祀仪式正式开始。

　　司仪（谢友芳）念书面仪程：

　　（1）吉日吉时，象山石浦、台东小石浦妈祖·如意省亲迎亲祭祀

祭祀仪式司仪

典礼开始! 击鼓鸣钟。(擂鼓三通, 鸣钟十六响)

(2) 供奉福礼(由四位青年渔民抬上全猪全羊, 放于大殿前天井东、西侧的八仙桌上, 摆放好后, 四位抬手转身向大殿一字排开, 行双手合拜礼, 毕, 各自原路返回戏台, 乐队吹停。人员由东门及东丰两村村长落实)。(奏乐)

(3) 点烛(由四位渔民在天井点上红蜡烛, 点好后, 四位渔民转身向大殿一字排开, 行双手合拜礼, 毕, 各自原路返回, 乐队吹停。人员由东门及东丰两村村长落实)。(奏乐)

(4) 上天香(由两位渔民在天井上点上天香, 点好后, 两位渔民转身向大殿一字排开, 行双手合拜礼, 毕, 各自原路返回, 乐队吹停。人员由东门及东丰两村村长落实)。(奏乐)

(5) 献供品(八大盘, 由八位年青老大捧上, 放好后向大殿一字排开, 行双手合拜礼, 毕, 各自原路返回, 乐队吹停。人员由东门及东丰两村村长落实)。(奏乐)

(6) 敬五果(由五位村姑渔妇捧上, 放好后向大殿一字排开, 行双手合拜礼, 毕, 各自原路返回, 乐队吹停。人员由吕英芝落实)。(奏乐)

(7) 敬献黄酒、点心、三茶二米(由五位村姑渔妇捧上, 放好后向大殿一字排开, 行双手合拜礼, 毕, 各自原路返回, 乐队吹停。人员由吕英芝落实)。(奏乐)

点烛后，行双手合拜礼

插大红蜡烛

献供品

敬五果

（8）点大红蜡烛（四位老大，插好后向大殿一字排开，行双手合拜礼，毕，各自原路返回，乐队吹停。人员由东门及东丰两村村长落实）。（奏乐）

（9）上香（三位老渔民，插好后向大殿一字排开，行双手合拜礼，毕，各自原路返回，乐队吹停。人员由韩素莲落实）。（奏乐）

（10）周全球村长恭读祝文（另附）。

（11）姊妹兄弟相逢一敬酒（由两位酒童在两旁敬酒，人员由东门及东丰两村村长落实）。

（12）请——台东县小石浦村发展管委会主任朱小宝、台东海神庙管委会主任柯受球、象山县石浦镇东渔村村委会主任周全球、象山县石浦镇东丰村村委会主任奚小康、象山县石浦镇渔山村村委会主任张匡京、象山县石浦镇沙塘湾村村委会主任李志龙，偕老渔民代表，为如意娘娘一行到我石浦东门天后宫省亲，上大殿敬香祭拜（由礼仪小姐引导上大殿，按事前安排的位置站立）。（奏乐）

（13）一敬香，一拜，跪——一叩拜、二叩拜、三叩拜，起——（由韩素莲分香给各位，拜好后由接香人把各位的香接过来插到香炉上）

（14）灵光高照二敬酒。

（15）二敬香，二拜，跪——一叩拜、二叩拜、三叩拜，起——（同上）

点大红蜡烛

村长恭读祝文

落地祭之烧经

（16）保我万民加满酒。

（17）三敬香，三拜，跪——一叩拜、二叩拜、三叩拜，起——（同上）

（18）三拜九叩大礼完毕。

（19）妈祖·如意省亲迎亲祭祀典礼礼成——众乡亲自由敬香、参拜、烧经。（击鼓奏乐）

省亲迎亲典礼仪式完毕后，台东富岗的信徒们随即在大殿的一角进行请神仪式：移来一张方桌，将插有五色令旗与各路"神兵利器"的红色木桶放在桌子的北面中央位，点上两支红烛，在令旗的对面则摆放一条头为木刻、身为草编的长龙。五位法师（全为台湾富岗新村的村民信徒，身着统一的黄色服装）分立在桌子的其他三面，东西两个方位各站有两位法师，南面立一位。五人先

请 神 咒

拜请李府元帅、廣澤尊王、保生大帝、池府王爷，是自民落清香，八槍給你金剛給你弟子落伏王，把望給你真武大將落軍夫，五步給你一切給你現如落下雲，五燕給你正神大步落薩下，三世給你金剛給你下天落玄壇，觀音給你水符危險落危險，四週給你九座給你天神落顯通。

《请神咒》

老渔民叩拜

两岸信众朝拜如意娘娘

各用三张正方形的黄纸相叠折成长三角形，然后将其点上火从自己的头部向下绕到脚部。做好以上准备工作之后，五人分持一块红色的长方体木块，开始念《请神咒》。

　　每念完一遍，都要将手中红木向桌面敲击一次，继而重新念一遍，如此反复共五次。念毕，第六位法师（没有参与到念《请神咒》过程的法师）赤脚站在地面上，左手持长龙尾，右手握在木质龙头下方，即将长龙的草编部分握在两手之间，露出木质龙头部分。一边手中甩长龙，一边两脚前后左右踏步自西面始顺时针绕一圈，从而

请五将

结束请神仪式。观察请神仪式所用的器物，分析咒语内容，可见法师们所请之神为台湾民间所信仰的五营兵马，他们在超自然世界中起到的是保卫神圣空间的作用，就如同现实世界中军营里的哨兵。

在法师们举行请神仪式的同时，富岗地区的信众们都走出了主殿，让象山本地信众得以在典礼仪式结束后从天后宫外进入到宫内。信众陆续向妈祖及如意娘娘上香祈福，民间信仰圈内的两个信仰群体和谐共处，其乐融融。与此同时，天后宫内的戏台上，从仪式开始起一直上演着越剧以娱神。

四、护神

落地祭仪式结束后，如意娘娘一般均要在客庙住上几天，信众们便要在天后宫护神。天黑后，富岗方面派出四至六名信众专门护神，信众们坐在古戏台上整夜不睡，通宵上香陪护。东门岛方面也有四至六人坐在庙里专门护神。护神的目的是让神像前香火不断，因此护神的信众要一边念"六字大明咒"，一边给如意娘娘续香，使庙内香烟袅绕不断绝。还有就是要管住祭品，祭品是专门供奉给如意娘娘享用的，因此不能缺少。信众要诵经念佛，如意娘娘和众菩萨才不会寂寞。护神要从天黑一直守到天亮，到了天亮后，护神的人要将任务交接给白天管菩萨的人，这时算是任务完成。

五、赠礼

就像人间主客往来，神明往来赠礼也不可或缺，礼品轻重不计。2007年7月，富岗村海神庙赠渔山岛娘娘庙功德红包人民币6000元，功德铜香炉一尊（200市斤），价值人民币2.5万元；渔山岛娘娘庙没有回赠。2007年9月，富岗村海神庙赠东门岛妈祖庙功德红包人民币1200元，"安澜赐福"旌旗一面；东门妈祖庙回赠红包人民币1888.88元，"百世蒙庥"旌旗一面。

六、客祭

对于远道而来的客神如意娘娘，当地信徒更是虔诚有加，不断有人前来上香祭拜，男人们祈祷合境平安，女人们祈祷生活安康，姑娘们祈祷美丽快乐，孩子们祈祷学业有成。初到时，人们争相祝福，

两岸信众代表跪拜

把娘娘庙挤得水泄不通。客祭一般只上香，个人不设祭品。

七、送别祭

如意娘娘结束省亲，要回富岗了，起身之日，则要进行送别祭。人们同样要在村口祭拜欢送，仪式与落地祭相同，只不过如意娘娘回程时，众信徒要护送她一程。送别祭的祭祀盘头跟落地祭一样摆设，富岗信众先抬起如意娘娘的轿，抬起神轿后向前走三步，向后走三步，左走三拜，右走三拜，意思是向如意娘娘禀明要返回了。这时信众们都向娘娘跪拜告别，直到抬着如意娘娘的轿平安离开。

如意娘娘出庙

八、回庙祭

如意娘娘结束省亲，一路平安返回台东富岗海神庙，富岗信众同样要举行仪式恭请娘娘回庙，其祭拜仪式与起身祭大同小异，只不过起身祭是请神出庙，而回庙祭是迎神进庙的一种祭祀仪式，目的是告慰娘娘一路辛苦，平安到家。

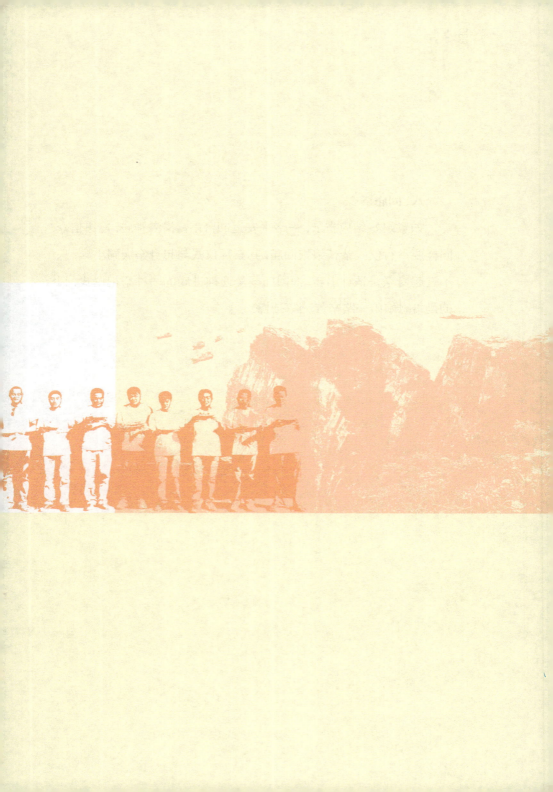

如意信俗的特征与价值

如意娘娘信仰是石浦渔区尤其是渔山岛上的重要海神信仰，因特殊的历史原因跟随渔山岛移民辗转至台湾富岗村扎根。如意省亲迎亲仪式跨越海峡，是大陆和台湾两岸民间交流的纽带和桥梁，是一种在特定的海洋生存环境和历史政治背景下所形成的独特的民间信仰和习俗。

如意信俗的特征与价值

[壹]如意信俗的主要特征

如意娘娘信仰是石浦渔区尤其是渔山岛上的重要海神信仰，因特殊的历史原因跟随渔山岛移民辗转至台湾富岗村扎根。如意省亲迎亲仪式跨越海峡，是大陆和台湾两岸民间交流的纽带和桥梁，是一种在特定的海洋生存环境和历史政治背景下所形成的独特的民间信仰和习俗。其主要特征是：

一、独特的海洋生存环境

如意娘娘信仰的发源地渔山岛，是一座远离内陆的悬水岛，距离大陆最近的铜瓦门尚有47.5千米，由两座主岛——北渔山、南渔山以及竹桥屿、多伦礁、坟碑礁、大白礁、小白礁、观音礁、大礁等五十四个岛礁组成。渔山岛总面积为2平方千米，除北渔山、南渔山和大白礁外，其余各岛礁历来皆属于无水源的无人岛。渔山岛地处海流与沿岸流的交界处，渔业资源十分丰富，不但岛上的民众以渔业为生，还经常有周边的福建及浙江台州、温州等地的渔民陆续来捕鱼定居。如意信俗就是在这种独特的海洋生存环境下产生的民间信仰。在海上捕捞作业的渔民，时刻面临着生命危险，他们需要一

渔山岛"五虎礁"

个法力无边的神灵来保佑他们的人身安全。如意娘娘无疑就是这样一位神灵，她是渔山岛民众塑造出来的重要海神，作为渔民祈求平安的精神寄托，岛民每次出海前都必去娘娘庙祭祀祈福。

二、特殊的历史文化背景

如意信仰的另一个重要特征是，如意信俗能传承到台湾，并且形成独特的海峡两岸娘娘省亲迎亲习俗，完全是中国特定的历史政治背景所致。渔山岛因其自身独特的地理条件成为兵家的必争之地，自1849年起，先后被英、美、日等国侵占，国民党也将其作为最后的据点。1955年2月8日，国民党军队败退撤离时，更是将大陈岛到洞头一带，包括渔山岛四百八十七名岛民在内的一万四千余位沿海居民尽迁台湾，渔山岛瞬间成为了荒岛。如意娘娘塑身连同信仰一起也被渔山岛岛民携带去了台湾，后来，岛民们在台东县富岗村新建了海神庙，来安置如意娘娘塑身并按照旧俗继续进行供奉。从那时起，如意信俗身处两地，而且一别就长达半个世纪。正因为这种历史和政治原因，才有了今天如意娘娘在阔别渔山岛五十年后返回故乡，才有了省亲迎亲的仪式和习俗。因此，如意娘娘省亲迎亲习俗形成的背后，有着明显的历史和政治因素。可以说，强大的民间信俗力量，甚至可以超越残酷的战争，成为人类前进的正能量。

三、群体传承的民间自发性

如意信仰完全是在当地民众的传说中形成的，渔家少女如意投海殉父的感人传说，在渔山岛、东门岛等渔区民众的脑海中根深蒂固。在如意信仰的发源地渔山岛，人们立庙祭祀，他们对如意的信仰完全是自发的，并一代代地延续下来，传承了数百年，直至迈入新世纪到最近几年，更有蓬勃兴起、强盛蔓延之势。不仅如此，民众们还认定如意娘娘和天后妈祖是神界的姐妹，并以此来牵线，让分隔两地的姐妹团圆相聚。如意信俗传承中的群体自发性，表明了民众在生活中对信仰的精神力量的孜孜以求。

四、信仰特征和内容的唯一性

如意信仰的特征和内容都非常独特，尽管在如意娘娘信仰之前，妈祖信仰已传播甚广，但如意信俗产生于渔山岛又发展于台湾，后海峡两岸天各一方，一别就是半个世纪，这样的神奇传说在国内极为罕见。综观国内信仰圈，以妈祖、如意两位娘娘姐妹为纽带的信仰习俗十分罕见。正因为这本质上的唯一，才使如意省亲迎亲习俗具有明显的创新色彩。如意娘娘虽是发源于渔山岛这个小地方的神灵，但其省亲习俗却是我国唯一一项横跨海峡两岸的非物质文化遗产项目。在我国庞大的海神信仰中，如意信俗实际上只是偏安一隅，在全国范围内所知者不多，研究者也甚少。但是，如意信俗正是因为其连接海峡两岸的特殊性，因而得以在浩如烟海的信仰圈中脱颖而出。

五、信俗内涵和精神的丰富性

如意信俗是自发的民间信仰，数百年来，因其蕴含的丰富内涵和独特价值而盛行不衰，并在当前焕发出蓬勃的生命力。如今，以如意省亲迎亲习俗为核心发展起来的如意信俗日趋成熟和完善，成为浙东沿海渔区民间信仰的一朵奇葩，并扩展至海峡两岸，受到社会各界及信仰圈的高度关注，对于两岸文化的交流，其积极意义怎么评说也不为过。

如意信仰的核心价值主要体现在以下几个方面：

1. 至孝精神。在民间传说中，如意打听到父亲落海的地点后，毫不犹豫纵身跳下海去，做出了感天动地的震世孝举。正是因为如

渔山岛全景

意身上所蕴含的至孝精神，才使她得到了民众的敬仰，成了万众笃信的"海上平安孝神"。

2. 大爱精神。妈祖广行济世，一生行善，怀有慈悲的仁爱之心。从妈祖信仰所体现出来的神性最主要的是爱，是广义上的济世博爱。这种爱，是只讲奉献、不求回报的无私的爱，体现了众生平等。如意和妈祖在神界是姐妹亲属，同被信众所尊奉，同为海上女神。她和妈祖一样，不仅保佑一方平安，更为民解困，同样充分体现了至善、博爱、舍己救人的大爱精神。

3. 抗争精神。妈祖是渔区民众的精神寄托，也是海洋生物的保护神。妈祖信仰通过神格魅力感染广大民众，帮助人们在心理上增强克服困难的信心与勇气，从而鼓舞他们勇往直前、开拓进取。如意信仰也同样表现出渔区人民不畏大自然艰险、勇往直前、积极征服的愿望，体现出渔区民众的智慧和力量，展现了他们不断扩展生存空间、追求美好生活的开拓抗争精神。

[贰]如意信俗的重要价值

如意信俗是渔区人民珍贵的精神财富，数百年来，民众对如意崇拜无限，爱戴有加，其隆重的省亲迎亲仪式更是深入人心。如意信俗具有强大的凝聚力，对新时期弘扬如意文化精神，维持社会稳定和经济秩序，促进海峡两岸和平发展和国家的统一建设具有重要的意义。

一、海洋文化的研究价值

如意信俗是象山海洋渔业发展的历史产物，承载着渔区民众的海洋文化信仰，记录了不同时代渔村的信俗习惯，对于象山海洋文化历史的研究，具有极其重要的价值。

每一种海洋民俗文化在其传播过程中，随着时间的推移和空间的改变，都会产生不同的变异。正是这种变异使每个海洋民俗文化呈现出繁杂、丰富的局面。平安海神信仰，反映的是人们追求和平繁荣的物质生活、幸福平安的精神世界的愿望。如意信仰具有广泛的影响，极大地丰富了海洋文化宝库。

二、和谐社会的构建价值

浩瀚宇宙，苍莽无垠。尽管因地域、种族、文化上的差异，派生出审美观、价值取向、风俗习惯等方面的不同，但作为生命的本能，人们对于善恶美丑之认知却趋于大同。

如意信俗是植根于民间信仰文化土壤中的一朵奇葩。如意原是一名美丽的渔家少女，人们按普遍认同的真善美标准来塑造如意，神化后的如意娘娘庇佑民生，解困救济，法力无边。在如意信俗中，烙印着中华民族的诸多优良传统，如"仁者爱人"、"救人于危难"、"护国庇民"等。如意信仰在诸多方面适应了人类对真、善、美的认同，如跳海殉父的至孝，治病救人的至善，庇佑解难、赐人以平安的至爱等。它既是一种仁爱文化的传播，更是在潜移默化中培养了民

象山东门天后宫赠与台东小石浦海神庙锦旗

众对真、善、美的认同。这种认同已成为一种文化积淀植入如意信徒的深层心理，约束着他们的行为规范。人们在信仰中的情感往往是双重的，在信仰面前，人们一方面敬仰神的大善大爱，另一方面畏惧自己有恶会遭到神灵的惩罚而产生无形的心理压力。这个心理定势，使得民众在生活中会随时调整自己的行为，以求与如意信仰提倡的真、善、美的文化内涵趋于一致。如意信俗在民间传承了数百年，以代代相传的社会传承延续至今，它所承载的文化精神和神格魅力，教化和影响了千千万万的民众。

　　如意信俗是渔区民众在海洋生产劳动中形成的精神寄托，体现了对战胜灾难、保佑平安、增强奋斗信心的精神追求，其核心价值是至孝和大爱。如意信仰本身所包含的孝慈仁爱精神，对提升广大民众特别是渔民群众的精神境界起到十分有益的作用。如意信仰已成为建设和谐社会的重要组成部分，更是渔区民众普遍认同的道德载体。其所蕴含的真善美的精神内核，更是和谐社会的桥梁和纽带。

　　将如意娘娘塑造成博爱慈祥的女神，其实是民众为满足自己心理需求的一种投射。如意信仰彰显了女性特有的理解、宽容和慈爱，这种神灵人性化的本质，正是众多民众信仰如意娘娘的根本原因。如意信仰的信众将希望寄托于如意娘娘，希冀通过祈求神灵来解决生活中的困难，他们借缭绕的香火对神灵诉说心里的动荡和不安，希望求得庇佑，从而在心理上获得依赖、补偿和平衡，以此增强战胜困难的信心与勇气，转变生活态度，追求更积极、更健康、更美好的生活。如意信众经常举行祭祀活动，通过祭祀仪式来表达自己的内心，在娱神的同时也娱人，既调适了自身的生活和心理，又使社会生活变得更加和谐有序。

三、渔俗文化的传承价值

　　如意信俗活动也是渔区民间艺术表演的大舞台，尤其是如意省

石浦鱼灯队

亲迎亲仪式和海上巡游活动，更是各种民间艺术表演的大展示。来
自各个渔村的业余艺术团队，借省亲迎亲和巡游这两个大平台，竞
相登台献艺，使得独具渔区特色的民间艺术得以代代相传。在如意
省亲迎亲路上的巡游活动中，民间表演队伍就有东门船鼓队、龙灯
队（两条龙）、石浦鱼灯队、延昌马灯队、鹤浦龙舟队、石浦百兽灯
队、东门鱼灯队、石浦民乐队、虾兵蟹将队等十几支队伍。通过这些
活动，如意信俗的渔俗文化传承价值由此得以凸显。如意省亲迎亲
仪式是促进民间艺术发展的重要载体，也是许多民间艺术赖以生存
和发展的文化生态环境。如意信俗的延续，使得丰富的渔俗文化得

到了传承和发展，对维系传统的优秀民间文化起到了推动作用。

四、海峡两岸人文交流价值

大陆和台湾，同根共祖，千余年来有着共同的文化传承，形成了坚不可摧的中华民族意识。如意不仅是大陆渔山岛的"神"，更是台湾富岗的"神"。渔山岛民众与富岗民众，血脉相连，在祈求两岸信仰合而为一的同时，也在企盼祖国的和平统一，从而实现如意信众的大团结大团圆。如意省亲迎亲仪式一年年地举行并形成习俗后，海峡两岸通行往来，畅通无阻，石浦还在热闹繁华的渔港路建起了海湾海峡广场，内设台湾美食一条街，向石浦居民出售台湾商品，提

石浦海峡广场

供著名的台湾小吃。如今，如意信俗已成为大陆与台湾海峡两岸通商、通航的和平象征，如意娘娘成为统一祖国、沟通两岸往来的和平女神。

如意信俗还有维护国家政治稳定的功能。对如意的信奉者来说，如意是神，更是民族信仰的象征。如意扶危济困、和平博爱的精神在社会中得到广泛的弘扬，成为祖国统一的黏合剂。如意信俗有力地促进了海峡两岸同胞间的友好往来，相信在不久的将来，如意信仰中的这一功能还将继续发挥作用，直至祖国的完全统一。如意信仰从渔山岛起步，经历了信仰圈的迁徙、传播和重归，衍生出全新的省亲迎亲仪式。它以文化先行的方式率先打破了海峡隔阂的坚冰，开创了海峡两岸民间文化交流的和谐局面，同时在经济上起到了引进台资、拉动象山旅游等产业发展的作用，凸显了历史价值和现实意义。

由于浙东地理条件的特殊，使得海峡两岸的人文交往显得意味深长。如意信仰及省亲迎亲习俗，是两地交流的难得契机。目前，共有象山（石浦）籍在台人员九千一百余人，台湾台东富岗新村村民的上代几乎全是20世纪50年代石浦渔山岛的去台人员。亚洲飞人柯受良祖籍在石浦渔山岛，三岁离开。其父柯位林正是当年渔山去台为首人员。近年，数百名在台人员来象山、石浦寻亲、探亲。柯氏家族数次率台胞组团，敬奉当年带去台湾的渔山如意娘娘菩萨，重返故里渔山庙、石浦东门妈祖庙省亲，被传为两岸民俗文化交流的一段佳话。石浦渔港历来为台湾渔轮避风补给的基地，自1970年起，计有12680余艘（次）台轮到过石浦渔港停泊。石浦港接待台湾渔轮及渔民，占浙江省70%、大陆40%以上，累计已达10余万人次；对台湾劳务输出，占浙江省80%以上，累计达3000余人次。2007年，石浦镇各届代表也曾赴台湾富岗村回访。这些对深化两岸文化交流、增进民间亲善、促进祖国和平统一都具有现实意义和深远的历史意义。

如意信俗的文化传播

如意娘娘信俗从几百年前渔山岛这样纯地方性的乡俗信仰发展到近年来开渔节上的重要民俗仪式，再到二〇〇八年六月被纳入国家级非物质文化遗产名录，一步步地扩大其传播的范围，逐渐提升其影响力。

如意信俗的文化传播

[壹] 如意信仰与妈祖信仰

妈祖，又称天上圣母、天后、天后娘娘、天妃、天妃娘娘等，是我国沿海百姓崇祀的海神，始于北宋，源于福建。象山地处东海之滨，海上捕捞、海上航运、海上贸易等海上事务十分活跃。而素有"千年渔乡"之称的石浦，历来为浙洋中路重镇。石浦、东门、延昌原住户都为早年福建移民，虽与福建远隔千里，却有着血缘渊源，福

千年渔乡石浦

建人奉妈祖为海上保护神的信仰，也随之传入。据旧志记载，妈祖曾来过东门岛，全县沿海渔区原有众多妈祖庙。每年农历三月二十三妈祖诞辰，渔民们在扬帆远航捕鱼前都要举行妈祖寿辰庆典，称之为"开洋节"；捕鱼回来后又要举行酬谢妈祖的庆典，称为"谢洋节"。每年举行的妈祖寿辰庆典暨欢送亲人出海仪式，气氛热烈，场面壮观，在浙东沿海地区十分罕见。所以说，妈祖信仰仍是沿海渔民的主流信仰。

如意信俗发源地为渔山岛，它与东门岛同为典型的海岛渔区，同属于石浦镇。石浦—富岗两地的省亲迎亲仪式就在东门岛举行，如意娘娘做客省亲的中转点也是妈祖的庙宇——妈祖庙（天后宫）。同

东门天后宫供奉的妈祖娘娘

时，如意娘娘还与妈祖一起参与象山开渔节的祈福巡游活动。如意信仰和妈祖信仰能在民间信仰圈中互通共融，紧密地结合在一起，是因为它们有着相同的信仰基础。所以说，如意与妈祖两位海神，既是独立的，又是相通的。

富岗海神庙内供奉的如意娘娘真身 （吴伟峰/摄）

　　首先，是如意和妈祖两位神灵姐妹的身份，她们在成为神灵之前，都是渔家女出身。如意娘娘信仰所在的渔山岛和妈祖信仰起源地福建莆田的湄洲岛，都是中国沿海的边陲岛屿，岛上的民众多以捕鱼为生。其次，两位渔家女儿都出身于以捕鱼为业的家庭，且都为救助家中的男性亲属而投海殉葬。从妈祖"投海觅亲殉身"等传说看出，妈祖林默娘是为救出海捕鱼遇难的父亲（另一说为父兄）而罹难的。在可靠的相关资料里，都非常明确地出现妈祖"投海救父，不幸罹难"的文字。如意娘娘则是十分明确地为落海而亡的父亲殉身。再次，这两种信仰都体现了"孝道"元素。如意娘娘以身殉父，其孝行感动天地。同样的"孝道"元素也可在妈祖史料中找到，在福建马港天后宫妈祖庙的碑记中，有形容妈祖"事亲至孝"之文字。最后，是人们为她们立庙的情节，据说当地岛民在拾起漂流至此的妈祖遗体之后，才建立庙宇。这与如意娘娘传说中，人们打捞起被如意娘娘灵魂附着的一块浮木，继而雕刻奉祀的行为非常吻合。

　　从两位神灵的种种传说中，可以清楚地看到如意娘娘与妈祖娘娘有许多相似之处。在妈祖信仰广泛传播的海岛，当地信众将如意娘娘与妈祖娘娘共同敬奉，视她们为天界的神灵姐妹，祭祀仪式也是大同小异。

　　如意娘娘信俗从几百年前渔山岛这样纯地方性的乡俗信仰发展到近年来开渔节上的重要民俗仪式，再到2008年6月被纳入国家级非物

矗立在东门岛门头山上的妈祖塑像

质文化遗产名录，一步步扩大其传播范围，其影响力快速得到提升。

在渔山岛民的原始信仰中，作为海上平安孝神的如意娘娘，与姐姐妈祖一起庇佑着海上作业的丰收和平安。如意和妈祖这一对神灵姐妹，在渔民的认识里都是保佑海上平安的神灵，同为伟大海神。

[贰] 如意信俗与渔区多神信仰

中国沿海渔民都有多神信仰的习俗，如意信俗也是一种典型的多神信仰。无论是石浦的如意信俗还是富岗的如意信俗，都是以如意娘娘为主神，并由中国民间广泛信奉的各神祇组成的信俗系统。渔民们在惊涛骇浪里讨生活，比一般人更渴望安全感，除了向如意娘娘祈祷外，当地渔民祭祀的对象还有以下两类：一是由于对不可抗拒的自然力和自然现象的未知，而产生的被神化了的对象，如龙王、妈祖娘娘、圣母娘娘等；二是历代民间创作的各类人物——被神化了的先人和虚拟人物，如各地的城隍老爷、关帝老爷、鱼师大帝、王将军等。这些信仰都拥有一定数量的信众，其祭祀活动大多在各村所在的庙宇中举行。

一、石浦渔区的多神信仰

渔区民众对海洋神灵具有普遍而宽泛的原始信仰，他们同时信奉几个庙的神灵菩萨，他们认为不同的神灵菩萨，有不同的神力，只要自己诚心，这些不同的神灵菩萨就会保佑家人出海平安、丰收。多神信仰是现实生活的折射，尤其在浙东渔区，在渔民们的心里，多一个神祇就多一份力量，也就多一份安心，因此渔民们几乎对所有的神祇都心怀敬意。当然，在渔区的诸多神灵信仰中，影响最大、信众最多、最深入人心的还是妈祖和如意信仰。

在如意信俗同样兴盛的东门岛，这一方圆仅仅2.8平方千米的地方，就有十四座供奉不同神灵的庙庵，平均每0.2平方千米就有一座庙，现保存完整的还有八座。不论是按面积平均，还是按人口平均，东门岛的庙宇分布密度都非常罕见。在一些重要的祭祀时间，如每年的清明节、七月鬼节、各大庙宇主要祭祀神灵的诞辰、冬至等需做法会及庙戏酬神外，每月的初一、十五，信众必到各大庙宇烧香拜佛，就是一些平常日子，在各条小巷里也会看到虔诚的村民手持佛珠念诵经文。东门岛的各大庙宇里，还愿法会、还愿戏常年不断，这些还愿法会和还愿戏，主要是求菩萨保佑海上作业安全、渔业丰收、得子、身体健康等，这些活动大多在比较重要的庙宇如妈祖庙（天后宫）、城隍庙、王将军庙、门头庙等进行。

东门岛上的庙宇主要有以下几个：

东门妈祖庙：妈祖庙又称天后宫，始建于宋代，占地约2000平方米，建筑面积1080平方米，有戏台、大殿五开间。供奉妈祖娘娘、如意娘娘、观音菩萨、财神菩萨、千里眼、顺风耳、戚老爷、地藏王菩萨等。

城隍庙：位于东门岛东南象鼻山嘴古城墙边，分前殿和后殿，前殿为五开间，殿内除塑有城隍老爷像外，还有文武判官、东海龙王、土地公公、三班衙役等神灵。关圣帝为后殿的主祭神，另外还有地藏王菩萨等神祇。

王将军庙：位于东门村泗洲路，分前殿和后殿，前殿祭祀的神灵有王将军、王姨娘（王将军的女儿）、财神公公、土地公土地婆。后殿祭祀的神灵则有满堂诸佛、地藏王菩萨等。

门头庙：位于东门岛天门山上，坐北朝南，倚山面海，正面大殿塑有观音菩萨、天门都督、土地公土地婆等神灵，侧面殿堂有平水大帝水娘娘、关圣帝等神灵。

东门岛城隍庙

二、富岗村的多神信仰

在富岗村的海神庙里，以如意娘娘为中心，左右两旁供奉着大大小小几十尊神像，这些神祇都是如意娘娘的左膀右臂，有李府元帅、广泽尊王、保生大帝、池府王爷、泉州王爷、北极王爷、德福正神、关公、关平、周仓、三太子等，也供着观世音菩萨。其中有两尊神像颇值得一提，一尊是南渔山王爷，另一尊是黑脸将军。和如意娘娘一样，南渔山王爷也是一位本土神祇，在漫长的岁月中，渔山岛人创造了两位当地独有的保护神。在这个处于茫茫海上、几乎是与世隔绝的孤岛上，岛民们需要更多的心灵安慰和庇护。另外一尊黑脸将军

富岗海神庙供奉的各类神像

富岗海神庙供奉的太岁

的由来，则说明了富岗村人对一切神祇的敬畏和虔诚。现任海神庙管理委员会主委的柯受球1967年在马祖岛当兵时，有一天发现了一尊被海水冲上海滩的神像，这尊神像手里拿着一支狼牙棒，当时还没有上色，看来是刚雕好的。柯受球当时根本无法辨别这是哪路神仙，但出于对神灵的敬畏，他就用红布把神像包起来，一直珍藏在自己的箱子里。一年半后，柯受球调回台湾，就把神像带回了富岗村。他找到一位专门雕刻神像的师傅请教，师傅告诉他这尊神像叫黑将军，相貌应该是黑脸红衣的。于是柯受球让师傅为神像上了色，并把神像请进海神庙供奉起来。就这样，如意娘娘的麾下又多了一员猛将。

海神庙里除了供奉着众多神像外，还供奉着兵马、太岁、虎爷和船神等。兵马是那些将军的部下，在请神仪式中，先要操练兵马。太岁是一方挂在墙上的神位，各地民间普遍都有祭祀太岁的习俗，称"安太岁"。这是因为每年都有冲犯太岁的生肖，如属该生肖者，需要祭祀太岁神一年，并出钱到庙里点一盏光明灯，以求太岁神保佑自己消灾免祸。虎爷则是供奉在如意娘娘祭台下的一尊老虎神像，是如意娘娘的护法。而船神则是渔区的特色，是渔民为了祈求渔业丰收、满载而归而设的。海神庙里供奉的船神是一条石浦传统古渔船"绿眉毛"。

[叁] 如意信俗与象山（中国）开渔节

早在2005年，富岗村人就开始着手准备让如意娘娘回家认亲。2007年7月27日，在象山县台办的大力支持下，阔别了五十多年的如意娘娘终于第一次踏上了回家认亲的道路。同年9月14日，第十届中国（象山）开渔节期间，如意娘娘真身来到石浦，与石浦东门岛天后宫的妈祖娘娘进行省亲迎亲活动。当晚，还在灯火通明的石浦渔港举行了两岸娘娘巡安焰火大会，盛况空前。此后，如意娘娘省亲迎亲仪式就成为中国（象山）开渔节的保留活动，海峡两岸的亲人借着如意娘娘的灵气，一次又一次地走到一起，共同祈祷风调雨顺、国泰民安。如意省亲迎亲活动不仅促进了两岸石浦人的民间交流，也成为象山县与台东县政府之间相互交流的纽带。在象山县台办的努力下，象山县与台东县正式缔结为友好城市。

　　2008年，象山和台东两县经双方协商，建立了交流合作关系，又

第十三届开渔节，在石浦海丰广场举行"祖脉"摄影展，台东代表在仪式后合影

陆续举办了海洋环境保护、旅游交流合作论坛。还在石浦皇城沙滩共同举行了以"同盼团圆，共聚乡情"为主题的中秋晚会，台东蓝星文艺团、东大水浒宋江阵等文艺团体表演了台湾民俗特色节目。象山以中国开渔节为平台，邀请台东富岗村民众参加妈祖·如意省亲迎亲仪式，祈福两岸娘娘海上巡安活动，进一步加深了两岸同胞的了解和友谊。通过如意娘娘省亲迎亲仪式，也使得台东海神庙与象山东门岛天后宫之间建立起了亲密的庙际关系，更促进了台东与象山两县日益频繁的往来。

象山与台东县地理环境相似，人缘相通，文化相宜，两地有着特殊的历史渊源。如意娘娘省亲迎亲仪式的举行不但使富岗的如意娘娘真身得以回归故里，与石浦的姐妹神灵——天后妈祖相聚，同时伴随着仪式的发起、进行和延续，更使得远离故土的富岗新村村民们怀揣着半个世纪的相思返回魂牵梦萦的故乡，与曾经隔海相望的亲人们团圆。

自2006年的第九届象山开渔节至今，据粗略统计，六届开渔节约有五百余位富岗村民踏上了家乡的热土。虽然2006年，如意娘娘省亲迎亲仪式还没有出现在开渔节系列活动中，但已有二十多位台东同胞受邀出席了开渔节活动。到了2007年，象山方邀请了四十位来自台东富岗新村的嘉宾出席第十届开渔节。同年，如意娘娘省亲仪式首次被纳入到庞大的开渔节庆典活动中。在积极酝酿了一年之后，第十一届象山开渔节上，有一百五十余名台东富岗新村村民专程来参加如意娘娘省亲迎亲仪式。2009年，台东方面组织了人数达一百一十一人的省亲团来象山。每一年，台东富岗的组织者总是尽量让不同的人员参与到省亲的队伍中，让更多的富岗民众能够回到祖籍地来看一看、走一走。这不仅仅是对信仰神灵进行祭拜，更是一种对同源文化的认同。在这四批人员里，有1955年被国名党撤退军队带离的老一辈，当年风华正茂的他们如今已是白发苍苍；有跟现任富岗新村海神庙管理委员会主任柯受球年龄相仿的第二代移民，曾经年幼懵懂的孩童现已成为了民间交流的中流砥柱；当然还有在台东富岗新村出生的新一代，血脉相连的他们希望能在这里找到心灵上的契合，去亲身体验那些父辈口中经常出现的人事和景物。

当海峡对岸的台东民众跟随着如意娘娘省亲的脚步实现着自己的回家梦时，象山方面也在2009年8月24日开始了第一次赴台之行。由象山县县长李关定、象山县政府台办主任史亚萍率团的石浦妈祖省亲团一行十五人，在第十二届开渔节前赶往台东富岗进行了为期八天的妈祖·如意省亲迎亲文化交流活动。作为第一批自内陆登台的家乡人，他们带去的是熟悉的乡音乡情，叙说的是故乡巨变。在台期间，他们不仅亲临海神庙烧香敬拜，而且游览了孙中山纪念馆、台北故宫博物院等台湾著名的景点，最终和富岗的省亲团一道将如意娘娘真身迎回象山。

2011年9月，臺東縣縣長黃健庭率190餘人組成的交流訪問團來象山參加第十四屆開漁節活動。

"石浦——富崗如意信俗"被列入國家級非物質文化遺產名錄。

2008年9月15日晚上，中央電視臺新聞聯播欄目報道了象山－臺東"明月共潮生"中秋晚會的盛況。

2005年1月，石浦委象山海峽跆演技術合作得了對臺小額貿易短

海峡两岸交流基地展厅

　　随着两地互访过程中官员的介入，民间交流也逐渐升级到县域级的合作。2008年9月15日，象山与台东共同签订了《象山县与台东县建立交流合作关系备忘录》，进一步促进了两地之间的交流合作。象山县海峡两岸交流基地的建立，对弘扬中华民族民间信仰文化，加强海峡两岸民间文化交流，提升象山在台湾的知名度和美誉度，推动象山与台湾之间的交流合作向更广范围、更大规模、更高层次迈进，促进两岸关系和平发展和祖国和平统一进程，具有重要的政治和经济意义。在第十三届中国开渔节期间，台东小石浦村村民捐资六十万

元，与象山县石浦镇政府一起，决定在东门岛合资兴建新的如意娘娘庙。届时如意娘娘真身叶落归根，重归故里，了却两岸信众多年心愿。2012年12月20日，浙江省首个海峡两岸交流基地在象山正式授牌，中共中央台办、国务院台办主任王毅，宁波市政协主席唐一军，省台办主任裘小玲，国台办交流局副局长王冰等参加授牌仪式。象山成为全省首个海峡两岸交流基地，这标志着对台交流合作工作进入了崭新的阶段，成为浙台交流的又一张靓丽名片。

如意信俗的传承与保护

如意信俗的保护工作既需要加强信众的保护意识，也需要文化部门的宣传和引导，更需要政府的扶持和主导，形成合力，扩大影响，以逐步形成以传承、发展和保护等内容为核心的如意信俗传承保护措施。

如意信俗的传承与保护

[壹] 如意信俗的传承

如意信俗产生于以捕捞为业的渔区，由于现代机械捕捞方式替代了传统的渔业手工捕捞作业，致使海洋渔业资源急剧衰退，传统近海渔场渐渐消失，从事渔业生产的渔民也逐渐减少，渔村在不断萎缩。受渔区社会经济发展的影响，如意信俗的影响力在下降，传承范围在缩小。越来越多的年轻渔民受现代文化的影响，更喜欢具有时代特征的时尚文化，他们不熟悉如意信俗的仪式程序，也不愿意了解学习，这给如意信俗的传承带来后继无人的尴尬。

一、传承现状

如意信俗始于渔山岛，经历了数百年的传承和发展，中途迁徙至台湾富岗，使得这项民俗活动得以在两岸发展，至2007年又回归渔山岛故里，衍生出全新的如意省亲迎亲仪式，近年来呈现出蓬勃复兴的态势。如今渔山岛上的庙宇早已重新修建，东门岛也新造了海神庙。在如意信俗复兴的道路上，石浦和富岗两地民间信众作出了共同的努力，特别是台东富岗地区的渔山岛原住民，他们保留着如意信俗的权威资源，包括如意娘娘塑身的本尊、最为古老的信仰传说和祭祀等仪式流程。

东门岛民众接驾如意娘娘　（解亚萍/摄）

接驾的民众　（解亚萍/摄）

石浦东门岛和渔山岛的如意信众，对如意信仰也是笃信不疑，日久弥坚，尤其是中老年民众，更是满怀虔诚。渔山岛上的中老年民众，对如意娘娘虔诚至极，岛上的娘娘庙一年四季香火不断。每年在开渔节举行省亲迎亲仪式时，东门岛的街头人头攒动，观者如潮，很多老年信众早早等在路边，待如意娘娘真身经过时接驾，手举香火虔诚跪拜。

除了民间信众的推动，在如意娘娘信仰的复兴过程中，政府的参与也起到了推波助澜的作用。最明显的就是象山县政府与民间合作，建构起台东富岗如意娘娘与象山东门妈祖之间的省亲迎亲仪式，并将其纳入到象山的开渔节活动中。如意省亲迎亲仪式因受到象山当地政府的邀请，并进入到中国开渔节这样国家级的大型庆典活动中，成为它的组成部分。由此可看出，政府提供的舞台让民俗仪式走出了民间。在象山开渔节这个舞台上，如意娘娘不但有独立的省亲迎亲仪式，而且还参与到妈祖巡安祈福活动中去。将如意娘娘的信俗仪式吸收到政府的活动中，从政治意义上说，它将两岸民间文化交流的和谐局面凸显出来；从精神文明建设上说，这也是一个很好地宣扬如意娘娘信仰本身所包含的孝道、仁爱等精神的途径；从经济价值方面来看，它起到引进台资，拉动当地旅游等产业发展的作用。同时，通过象山当地政府的积极努力，如意娘娘信俗成功纳入国家级非物质文化遗产名录，比妈祖信仰、保生大帝等民间

富岗村传承人家里供奉着如意娘娘

信仰更早地成为横跨海峡两岸的非物质文化遗产项目。在当地政府的全面保护下，在民间信众的共同推力下，如意信俗快速发展，象山地方政府把台湾富岗方面捐献的六十万元资金全部投入在东门岛上，兴建起一座完全参照台湾海神庙规模的庙宇。2011年，新建的东门海神庙于第十四届开渔节期间投入使用。

如意信俗的发源地为渔山岛，向外拓展至海峡两岸。如意信俗中最为特殊的石浦—富岗如意省亲迎亲习俗，则从渔山岛发展至富岗新村，再回归至渔山岛，然后再到东门岛，最后回归至富岗新村。如意信俗为民间自发的社会群体传承，其省亲迎亲仪式在特定的历史背景下，从大陆到台湾，从象山到台东，从渔山岛到富岗村，如今到了第三轮传承期。第一轮传承：渔山岛原住渔民；第二轮传承：富岗村现村民；第三轮传承：渔山岛、东门岛现住民。其传承本质上是渔村村民的群体传承。

二、代表性传承人

石浦渔山岛：

徐七寿，男，1926年出生，文盲，祖居渔山岛，世代渔民。因1955年回石浦结婚而未去台湾，一直是渔山岛渔民。1990年接受台湾富岗村捐款，负责重修渔山娘娘庙，之后一直负责渔山岛如意娘娘的各项活动（含迎接台湾如意娘娘省亲迎亲）。

董莲菊，1953年出生，文盲，祖居渔山岛，也嫁在本岛。年轻时有一次得病，发烧三天三夜，经医院多方治疗无效，后祷告如意娘娘，病愈，从那时起成为如意娘娘的虔诚信众。从十年前起，董莲菊就几年如一日地侍奉如意娘娘，每日供佛茶，擦佛堂，续香火，组织各类祭祀活动的具体事务，包括如意娘娘诞辰祭祀、开洋祭祀、谢洋祭祀等活动，无偿为岛上渔民群众服务。

石浦东门岛：

韩素莲，女，1952年1月17日出生于东门岛，初中文化。1972年嫁到本岛的夫家以后，一直跟随在婆婆颜妙福身边，成为其得力助手。婆婆生前是东门天后宫的护法，过去一直主持东门岛的"开洋

韩素莲在做祭祀活动准备工作

节"和"谢洋节"及岛上的各种祭祀活动，也是一位当地渔村公益事业的热心人。在婆婆多年的精心传授和指点下，韩素莲熟悉一整套开洋、谢洋节活动组织程序及如意庆典祭祀仪式，从1992年开始就主持组织东门岛的"开洋节"和"谢洋节"及东门天后宫所有祭祀活动的具体事务。1995年起，继承主持东门岛妈祖庙庙务。2007年开始，组织主持如意省亲迎亲仪式，数年如一日，无偿为岛上渔民群众服务，被岛上渔民群众称为"活娘娘"。

谢友芳，1943年9月出生，东门岛人，世代渔民。自改革开放以来，积极参与东门岛渔民的开洋、谢洋节活动，组织、筹划及主持石浦—富岗如意信俗活动，并担任司仪。目前为石浦如意信俗的代表性传承人。

台东富岗村：

柯位林，男，1926年出生，小学文化，祖居渔山岛，世代渔民。1955年去台湾，牵头把渔山岛如意娘娘等神灵塑身装箱随村民赴台湾。1960年，负责建造台湾富岗村海神庙，供奉大陆请去的渔山岛如意娘娘塑身。1960年至2007年9月，任台湾富岗村海神庙管理委员会主任委员。

柯受球，男，1947年出生。柯位林长子，初中文化，祖居渔山岛。1955年去台湾，现任台湾富岗村海神庙管理委员会主任委员。

柯受雄，男，1961年出生于台湾。柯位林四子，祖居渔山岛。自如

代表性传承人柯受珠（右）和柯为民

意省亲迎亲仪式举办以来，每次全程参与活动，并积极组织协调石浦方与富岗方的各项具体事务，现在大陆创业。

[贰] 如意信俗的保护

近几年，如意信俗虽然有所恢复并兴起，但还是需要采取一定的保护措施，使其平稳地延续下去。如意信俗的保护工作既需要加强信众的保护意识，也需要文化部门的宣传和引导，更需要政府的扶持和主导，以形成合力，扩大影响，逐步形成以传承、发展和保护等内容为核心的如意信俗传承保护措施。落实如意信俗的保护措施，对于继承如意信俗传统习俗，推进如意信俗的延伸发展，使如意信俗血脉绵延不绝，具有极为重要的意义。

一、政府进行重点扶持

富岗如意首次来象山渔山岛省亲祭祖后，引起了象山政府的关注。经过象山台办的多方努力，2007年9月富岗如意再次省亲回到象山，并出现在当年的开渔节活动中。从这次后，象山方面决定将如意省亲迎亲仪式列入中国开渔节的系列活动，派出专业人员帮助民间团体理顺规范活动程序，深挖活动内涵，并从人力和物力上给予一定的支持。经过几年的不懈努力，现如意省亲迎亲仪式已形成规模，成为一项既有影响力，又能满足渔区民众心理需求的民俗活动，从此如意信俗走向规范化。2011年，富岗和象山两地投资三百万元建造的海神庙在东门岛黄泥巴山上落成。2012年9月，象山如意联

东门岛海神庙

谊会成立。至此，如意信俗已成为渔区具有一定规模、在社会上有一定影响力的信俗活动，并得到了国内多家新闻媒体的报道和专家学者的充分肯定。

二、民间自发保护和传承

改革开放以后，渔区各地民间筹集资金逐渐修复或重建活动场所。渔山岛的如意娘娘庙，曾于1956年遭"8.1"特大台风

如意娘娘安坐东门岛海神庙

而倒圮。1990年，富岗村和渔山村共同集资六万元，由渔山人徐七寿、周雪花、汤全生（已故）负责重修，至今庙宇完好，香火不绝。

东门岛天后宫在"文化大革命"期间曾一度改为学校，在1984年收回后，岛上民众先后集资八十多万元进行修复。2002年12月，东门岛天后宫被列为象山县文物保护单位。到目前为止，东门岛天后宫是县内保存最完好、整修最精美的天后宫。随着活动场所的不断重建或修复，渔区的如意信俗也得以恢复。渔区民众每年都非常自

觉地传承这项活动，一到如意诞辰必举行诞辰庆典，每逢开洋、谢洋，也都自发地举行小型的开洋、谢洋节活动。随着如意省亲迎亲仪式的形成，如意信俗更是融入了象山开渔节，如意娘娘随之加入海上巡游活动。近年来，通过媒体的多次报道，如意信俗活动影响面逐渐扩大。

三、文化部门申遗成功

为了更好地传承和保护文化遗产，认真做好各级非物质文化遗产名录的申报工作，2005年下半年开始，象山县文化广电新闻出版局组织人员对全县非物质文化遗产进行重点普查，并积极申报国家级非遗名录。

2007年9月16日上午，象山文化工作者朱永林陪同中国国家博物馆宋兆麟教授考察石浦东门岛。当时正遇如意省亲队伍进驻石浦东门妈祖庙省亲，省亲队伍由柯位林带队。好奇的宋、朱两位经询问，得知竟是如意娘娘历经半个世纪的两岸分离，现从台湾回故里省亲。朱永林感到此事民俗学意义重大，旋即向负责非遗申报的县文广新局吴健副局长当面汇报，吴健也立即向参加开渔仪式的文化部非遗司副司长屈盛瑞汇报。屈听了之后，同样感到事关重大，他一边表态：因时间较紧，此项目得立即越过省级（后补），直接申报国家级非遗；一边当面与时任象山县委书记的周江勇、县长李关定通气，说明此项目的发现事关重大，因时间紧迫，象山方应在一个月内将材料整理上报。一个月后，该项目的申报材料和DVD光盘，指定由朱永林执笔、编导，如期送达北京。2008年6月，石浦—富岗如意信俗由文化部特批列入国家级非物质文化遗产名录，至此项目申报成功。2008年下半年，相关人员对下村挖掘、搜集到的文字和图片等资料进行认真细致的整理归档，建立了一个融图、文为一体的文字、图像资料电子文库，为做好抢救保护工作创造了条件。

四、传承人的保护和培养

如意信俗传承人是民间信俗的重要承载者和传递者，他们掌握了如意信俗的一整套活动程序、步骤和祭祀方法，他们是如意信俗的活宝库。传承人的保护和培养，是如意信俗保护工作的关键。象山县文化广电新闻出版局十分重视非物质文化遗产传承人的保护和培养，通过摸底排查，逐渐培养了一批如意信俗新一代传承人，使如意信俗活动后继有人，代代相传。

[叁] 如意信俗的保护方案

象山各级领导非常重视如意信俗的传承和保护，由于资金的缺乏，如意信俗的展示载体、平台、传承队伍等各项建设无法正常开展，尤其是省亲迎亲活动处于较为尴尬的境地。此外，到目前为止，如意信俗没有完整的文字记载，更没有转化为系统的文献资料。如果没有保护和传承，如意信俗活动的影响力就会逐渐削弱。因此，如意信俗的保护工作十分必要。

东门天后宫祭祀如意

一、保护目标、方针和原则

（一）保护目标

计划到2015年，初步建立起比较完善的石浦—富岗如意信俗保护制度和保护体系。进一步搜集整理文字、图片、影像资料，建立石浦—富岗如意信俗档案数据库；继续与台湾富岗新村合作，在开渔节期间举办如意省亲迎亲活动，争取将该活动规范化、连续化；鼓励、支持传承人开展传习活动，教授如意信俗相关知识；在建成的东门岛如意娘娘庙（海神庙）内以图片、文字等形式向人们讲述两岸文化交流历史，展示如意省亲迎亲活动内容；深化理论研究，编辑

出版研究成果；加强宣传，制作电视专题节目、举办高端论坛等，扩大如意信俗在全国范围内的影响力，使具有历史、政治、文化和两岸交流价值的"石浦—富岗如意信俗"得到有效保护，并得以传承和发扬。

（二）保护方针

保护为主，抢救第一，合理利用，继承发展。正确处理抢救、保护和利用的关系，在确保石浦—富岗如意信俗获得有效保护的前提下，做好抢救、保护、利用的有机结合和协调统一，防止对石浦—富岗如意信俗的误解、歪曲或滥用，使石浦—富岗如意信俗在两岸得以世代弘扬。

（三）保护原则

坚持政府主导、社会参与，长远规划、分步实施，明确职责、形成合力；坚持立法保护与政策保障相结合，政府保护与民间保护相结合，决策系统与咨询系统相结合，财政投入与吸纳社会资金相结合的原则。

二、保护对象、方式和内容

（一）保护对象

石浦—富岗如意信俗的所有相关活动、习俗，包括石浦—富岗如意省亲迎亲仪式、石浦—富岗如意娘娘庙（海神庙）的庙会等活动的流程、相关民俗、文化空间场所、传承人以及与如意信俗相关的习俗、事物、原始资料等。

（二）保护方式

1. 在摸清现状的基础上，制定保护规划。

2. 在真实记录的基础上进行整理、研究、出版，或以民俗馆等形式予以展示、保存。

3. 建立石浦—富岗如意信俗的传承机制，通过采取对传承人的资助、扶持等手段，鼓励传承人传播与传承石浦—富岗如意信俗相关的知识和技艺。

4. 通过建立海洋渔文化生态保护区和传承基地，对原生态的石浦—富岗如意信俗进行有效的整体保护。

（三）保护内容

1. 成立石浦—富岗如意信俗项目保护领导小组。

2. 建立石浦—富岗如意信俗专业调研班子，成立两岸联谊会。

3. 对石浦—富岗如意信俗的形成进行更深入细致的调查研究，数据存档入库。同时，在摸清家底的基础上，制定石浦—富岗如意信俗保护规划。

4. 建立完备有效、切合实际的保护制度和体系，利用现代科技手段，对石浦—富岗如意信俗进行系统的抢救和保护。

5. 发挥东门岛石浦—富岗如意信俗传承基地作用，通过采取资助、扶持等手段，鼓励传承人传承石浦—富岗如意信俗。

6. 继续与台湾富岗新村合作，在每年开渔节期间举办如意省亲迎亲活动。

7. 加强宣传，普及保护知识，提高全社会的保护意识。

8. 完善东门岛海神庙的附属设施建设，扩建渔山岛的如意娘娘庙。

9. 在条件许可的情况下，建立永久性的石浦—富岗如意信俗纪念馆、渔山岛碑坛。

三、保护措施

本保护措施在2011至2015年期间实施，在象山县人民政府和文化主管部门的领导下，全方位开展对石浦—富岗如意信俗的整体性保护，使该国家级非物质文化遗产名录项目得以完整而长远的传承。

（一）加强宣传，营造石浦—富岗如意信俗保护氛围

要充分发挥石浦—富岗如意信俗在传统文化教育和爱国主义教育方面的重要作用。各级公共文化机构要积极传播和展示石浦—富岗如意信俗。鼓励和支持新闻出版、广播电视、互联网等媒体对石浦—富岗如意信俗及其保护工作进行宣传展示，普及保护知识，培养保护意识。努力在全社会形成共识，营造全体民众关心保护石浦—富岗如意信俗的良好氛围。

（二）普查建档，科学保护石浦—富岗如意信俗资源

进一步全面深入地对石浦—富岗如意信俗资源进行普查，运用

文字、录音、录像、数字化多媒体等各种方式，对石浦—富岗如意信俗进行真实、系统和全面的记录。在摸清家底的基础上，按照"统一软件、统一目录、统一分类、统一格式、统一质量"的工作标准，运用先进、科学的技术手段建立石浦—富岗如意信俗保护档案、信息数据库和网络服务平台。

（三）加强扶持，确保石浦—富岗如意信俗的传承

在省、市补助传承人津贴的基础上，出台政策建立县级传承人保护基金，奖励无私传授技艺的传承人，扶持、资助他们通过带徒传艺、举办相关传习班等形式培养新一代传承人，营造毫无保留地传承石浦—富岗如意信俗的社会氛围。文化和教育部门相互协作，逐步将优秀的、体现民族精神和民间特色的国家级非物质文化遗产名录项目内容编入有关教材，开展教学活动。同时，鼓励传承人进校园、进课堂讲述围绕如意信俗展开的历史。充分发挥东门渔村传承基地作用，积极培育传承骨干队伍，为完整而长远地传承石浦—富岗如意信俗奠定人才基础。

（四）展示交流，扩大石浦—富岗如意信俗的影响

县、镇要积极开展"文化遗产日"活动，在活动期间，采用数字化展示手段，结合实体模型、专题展览等各种形式，展示与石浦—富岗如意信俗项目密切相关的实物，或用展演、博览会等形式展示石浦—富岗如意信俗活动。组织石浦—富岗如意信俗代表性传承人积

极开展两岸文化交流活动，扩大影响。

（五）加强研究，以理论指导石浦—富岗如意信俗的保护

组织文化单位、科研机构、大专院校及专家学者对石浦—富岗如意信俗理论和实践问题进行研究，重视科研成果和现代技术的应用。充分发挥大专院校和科研机构专家学者的作用，建立象山县非物质文化遗产保护专家委员会，健全保护工作决策咨询机制，广泛吸纳有关学术研究机构、大专院校、企事业单位、社会团体等各方面的建议，共同开展对石浦—富岗如意信俗的保护工作，使石浦—富岗如意信俗保护工作在科学理论的指导下规范有序地进行。在条件许可的情况下，组织召开两岸如意信俗高峰论坛，交流如意信俗研究

富岗村村民在海神庙祭拜如意娘娘

成果。编辑出版研究成果和浙江省非物质文化遗产代表作丛书《石浦—富岗如意信俗》。

四、保障措施

（一）组织保障

加强石浦—富岗如意信俗保护工作的领导，成立相应的协调机构，形成分级管理、相互协调、上下联系、良性互动的运作机制，有效调动各方面的积极性。各级政府要把石浦—富岗如意信俗保护列入重要议事日程，纳入工作目标责任制。广泛吸纳有关学术研究机构、大专院校等各方面力量，建立一批高素质的专家人才队伍，为石浦—富岗如意信俗保护工作提供指导，在制定石浦—富岗如意信俗保护的政策和规划等方面，充分发挥专家的作用。

（二）政策保障

加快制定国家级非物质文化遗产项目管理办法、海洋渔文化生态保护区管理办法。根据历史条件、文化条件、自然环境条件等制定非物质文化遗产中长期保护规划，并将其纳入国民经济和社会发展整体规划，纳入文化发展纲要。加大对国家级非物质文化遗产保护的政策扶持力度，使石浦—富岗如意信俗在有政策法规保障的前提下，得到很好的保护。

（三）经费保障

各级政府应结合本地实际情况，加大对国家级非物质文化遗产的投入，并设立专项资金，主要用于对国家级非物质文化遗产名录项目进行挖掘、抢救、保护、保存、研究、传承等方面的补助，传承基地保护和传承人扶持表彰，传承人的培养，研究成果编纂，数据库建设等。在保证本级政府投入的基础上，面向社会，积极拓展社会化融资渠道，完善社会化运作机制。

（四）机制保障

政府要加强非物质文化遗产保护工作机制建设，及时研究制定有关政策措施，探索和建立可持续发展的非物质文化遗产保护机制。文化行政部门和各相关部门要加强联系、积极配合，形成各司其职、各负其责、分工协作的工作机制。要充分发挥专家作用，建立完善保护工作的决策机制。培养和建立一支热心于石浦—富岗如意信俗保护的业余保护人员队伍。开展石浦—富岗如意信俗保护当地研究人才的培养，对为保护石浦—富岗如意信俗作出突出贡献的单位和个人给予精神鼓励和物质奖励。建立两岸民俗文化互动机制，成立"两岸妈祖·如意文化联谊会"，加强与台湾富岗新村的文化交流，举办海峡两岸如意信俗展。制作专题片，在海峡两岸的主流媒体上播出，使两岸互动进入常态化。

（五）设施空间保障

石浦—富岗如意信俗的传承和发展必须依赖于与之相适应的设施和文化空间，这些设施和文化空间是石浦—富岗如意信俗的有机组成部分，也是保护石浦—富岗如意信俗的必要条件。如果没有这些设施和文化空间，就谈不上对它的传承保护。因此，制定相关的保护措施，规范和保护好东门岛海神庙、渔山岛娘娘庙及与石浦—富岗如意信俗相关的生态环境等设施和文化空间。

如意信俗的社会影响

如意信俗不仅给渔民带来心理安慰，是他们的精神寄托，更激起他们战胜灾难的信念和勇气，在一定程度上增强了渔民出海劳作时的自信心和精神力量。如意信俗同时也是渔区人民创造、传承和享用的民俗文化，寄托了普通民众祈安纳福的美好愿景。如意信俗展现的是浙东渔区优秀的民间文化精华，有着重要的社会意义。

如意信俗的社会影响

[壹] 如意信俗的专家评价

　　如意信俗以其独特的渔俗特色以及两岸省亲迎亲信俗的唯一性，引起了国内民俗专家的注意，国家文化部非物质文化遗产保护司司长屈盛瑞，国家民族考古学家、民俗学家宋兆麟，在观摩了两岸如意省亲迎亲仪式后，都被这庄严而虔诚的原生态信俗场面而感动。尤其是非物质文化遗产保护司司长屈盛瑞，当场提出了应该让如意信俗申报国家级非物质文化遗产的宝贵建议。在此后的申报过程中，屈司长多次对如意信俗非比寻常的价值进行了肯定，对其所蕴含的独特而鲜明的内涵以及原生态的海洋渔文化作出了高度评价。屈司长表示：像如意省亲迎亲这样完整、原生态的民俗仪式，目前在国内已不多见。如意信俗不仅给渔民带来心理安慰，是他们的精神寄托，更激起他们战胜灾难的信念和勇气，在一定程度上增强了渔民出海劳作的自信心和精神力量。如意信俗同时也是渔区人民创造、传承和享用的民俗文化，寄托了普通民众祈安纳福的美好愿景。如意信俗展现的是浙东渔区优秀的民间文化精华，有着重要的社会意义。

　　在历次的如意省亲迎亲仪式中，国内的多名专家都亲临现场体验观摩。中国社会科学院研究员、中国民俗学会会长、国家非物质文化遗产保护工作专家委员会副主任委员刘魁立，中国社会科学院研究员、中国民俗学会副会长、国家非物质文化遗产保护工作专家委员会委员贺学君，中国社会出版社传统文化编辑室主任李春园，浙江大学非物质文化遗产研究中心副主任阮云星等专家、学者，数次赴象山石浦东门岛，亲临省亲迎亲仪式现场，观摩石浦—富岗如意省亲迎亲仪式。如潮般的巡游队伍，自发而虔诚祈祷的如意信众，隆重而庄严的祭祀仪式，无不令在场的专家们震撼和动容。

　　在观摩如意省亲迎亲仪式后，专家们纷纷指出，如意省亲迎亲是一项完整的原生态民俗仪式，承载了渔区人民海洋历史文化信息和原始记忆，是研究渔俗文化珍贵的活态样本。通过如意省亲迎亲仪式的举办，民众之间的情感得到交流，情操得到锻炼，意志得到统一协调，对当地文化的认同得以加深。同时也促进了两岸同胞之间的交流和亲近，对增强两地民众的凝聚力，促进两岸的统一起到了积极的作用。当地政府及文化部门应当认真做好保护和引导工作，使之在和谐社会建设中发挥重要作用。专家们表示，石浦—富岗如意省亲迎亲仪式入选国家级非物质文化遗产名录，只是一种方式和手段。要将这些优秀的民俗文化"活态"传承下来，不但要给现有的传承人提供施展文化魅力的舞台，还要培养年轻一代，才能使如

刘魁立老师和陈华文老师在参观路祭

意信俗的传承得以不断延续。

[贰]如意信俗的社会影响

2007年第十届中国开渔节，如意省亲迎亲仪式首次正式成为开渔节的系列活动之一。中国（象山）开渔节是依托开洋祭海、亲人送别、演戏庆贺丰收等富有特色的渔区传统民俗文化，而逐步发展形成的海洋文化节庆之一。它以渔文化为主线，通过祭海典礼、妈祖巡安仪式、开船仪式等系列活动，展现渔区的民俗文化，倡导"善待海洋就是善待人类自己"。这项活动以弘扬海洋文化、丰富人民生活、推动经济发展为宗旨，逐步形成了仪式、论坛、文艺、经贸和旅游五大板块十多个精品活动项目，现已成为宁波市三大地方特色节庆活动之一，跻身全国十大民俗节庆和国家旅游局一年一度的系列节庆活动行列。截至2012年，已成功举办了十五届。

　　每年开渔节期间，应邀和主动来象山参与报道的中央、地方各类媒体有数十家，记者数百人，一些重要活动均获得了中央、省、市等主流媒体的报道。借助开渔节这个平台，如意信俗的影响在不断扩大，媒体在报道开渔节的同时，都会提到独具特色的如意信俗。2007年石浦—富岗如意省亲迎亲仪式举行后，更是引起了国内媒体的注意，《浙江日报》、《宁波日报》、《今日象山》、《浙江画报》等相继刊登相关内容，人民网、凤凰网、浙江艺术网、中国宁波网、象山港网站等新闻、网络媒体作过多次报道。2008年9月15日，中国宁波网刊登《象山台东共办妈祖省亲仪式》；2008年9月15日，大连天健网刊登《象山妈祖——"妹妹"从台东返乡认亲》；2008年9月15日，腾讯网、宁波新闻网刊登了《石浦—富岗如意信俗省亲迎亲活动举行》；2009年9月15日，《浙江日报》刊登《海的神韵，尽在象山》，后得到网易新闻的转载；2009年9月15日，腾讯网、新华网刊登了《浙江渔村民间信仰"如意娘娘"从台湾回归故里》；2010年3月，《浙江画报》刊发了《两岸亲情一线牵》，后得到中国政协新闻网转载；2010年8月1日，《象山—台东妈祖如意省亲迎亲仪式》被收录进象山县人民政府台湾事务办公室编著的《祖脉》；2010年6月7日，人民网、凤凰网刊登《"石浦—富岗如意信俗"入选浙江省非遗普查十大新发现》；2011年4月9日，中新网刊发的《浙江"开掘"海洋旅游资源，宁波象山成领跑者》一文中提到了如意信俗，后文章得到中国网络电视台转载；2011年9月9日，《宁波日报》刊登了《妈祖如意省亲迎亲仪式在东门岛举行》；2012年9月22日，人民网、中国网刊登的《骨子里的大海》一文中提到了如意信俗；2012年11月29日，浙江城镇网刊登了《石浦—富岗如意信俗》；还有国家旅游局、新侨报、浙江新闻、中国宁波网、中国青年网等网站均提到了如意信俗。另外，台湾东森电视台、台湾中国时报、中天电视台等新闻单位，多次随同如意省亲迎亲团来象山作追踪报道。同时，如意省亲迎亲盛大仪式的视频分别在土豆网、浙江卫视、56频道、浙江新闻联播、浙江网络广播电视台等播出。

[叁]相关媒体报道摘录

妈祖如意今年将正式回归故里

（记者孙晓青）今天，第十二届中国（象山）开渔节进入五十天"倒计时"。开渔节组委会宣布：妈祖如意今年将正式回归故里。

本届开渔节的一大亮点是象山与台湾台东县的合作交流。去年台东县富岗小石浦村的一百五十余名村民组团包机来象山参加妈祖如意迎亲省亲仪式后，这项活动已被国台办、省台办列为重点文化交流项目，今年妈祖如意也将正式回归故里。

本届开渔节仍以渔文化为主线，通过祭海典礼、妈祖巡安、中国渔文化大巡游等系列活动，展现渔区古老的传统民俗文化，展示现代渔民的精神风貌，体现"人与海洋和谐发展"的主题。

随着本市直飞台湾的航班开通，本届开渔节象山台东旅游合作交流会将向市民推介散落于台东外海、大陆游客鲜有涉足的绿色明珠——绿岛，让两岸游客实地体味和感受那首流传已久的《绿岛小夜曲》。开洋后，象山还将于9月17日晚上举行"开洋之旅——东海第一网品鲜大会"。

2009年7月28日　人民网

"石浦—富岗如意信俗"入选浙江省非遗普查十大新发现

日前，浙江省文化厅与《浙江日报》等单位联合举办的浙江省非物质文化遗产普查十大新发现评选结果揭晓，我县的"石浦—富岗如意信俗"入选，这也是宁波市唯一入选的项目。

据了解，妈祖、如意信仰等是象山渔民从事渔业生产中形成的信仰习俗。由于历史原因，1955年被带至台湾台东县。去台的渔山人组成了富岗新村，并为如意娘娘建了海神庙，以故乡旧信俗的方式，在台湾祈祷如意娘娘保佑百姓出海平安，生活安康。2007年，台东富岗村村民首次奉台湾如意娘娘赴故土象山渔山岛祈福祭祖，开创了两岸娘娘神明省亲迎亲习俗。如意信俗由起身祭、落地祭、守夜、赠礼、客祭、送别祭、回庙祭七个程序组成。2008年6月25日，"石浦—

富岗如意信俗"被国务院列入第二批国家级非物质文化遗产名录。

2010年6月7日　凤凰网

浙江渔村民间信仰"如意娘娘"从台湾回归故里

（记者郑黎）离别大陆五十余年的浙江象山如意娘娘回到了故乡。14日下午，两岸渔民在浙江省象山县石浦镇举行了如意娘娘省亲迎亲仪式。

当天下午二时许，如意娘娘在台湾台东县小石浦村村民的专程护送下，到达石浦东门岛。岛上顿时鼓乐齐鸣，迎候已久的石浦鱼灯队、鹤浦龙舟队、东门船鼓队以及潮水般涌来的渔民，纷纷以他们特有的虔诚方式，迎接已离别五十余载的"如意娘娘"回归故里。

如意娘娘是浙江沿海渔民在歌颂劳作及祈求平安中产生的信仰，以后又演化为石浦—富岗两岸共同朝拜"如意娘娘"的习俗。这一信仰习俗于去年6月被列入国家级非物质文化遗产名录，这也是目前国家级"非遗"中唯一涵盖海峡两岸的民俗文化。

据象山当地传说，如意娘娘是妈祖娘娘的妹妹，为象山渔山岛上的渔家少女，当她得知出海捕鱼的父亲海上遇难的噩耗后，奋不顾身冲向大海。姑娘下海处浮起一段木头，村民将它雕成一尊塑像，并建娘娘庙供奉。五十多年前，国民党军队从舟山群岛撤退至台湾时，将当时石浦镇渔山岛的男女老幼共四百八十七人全部带走，渔山岛人也"请"走了保佑他们的如意娘娘，后在小石浦村建海神庙供奉。"半个多世纪过去了，当年四百多人的小石浦村现已发展成为一千五百余人的大村，但村民们依旧说着象山石浦方言，延续着石浦的乡风民俗，"台东县台胞代表团领队柯受雄说，"这次我们把迁居台湾五十多年的如意娘娘请回石浦，也了却了大陆乡亲怀念盼望如意娘娘的一份心愿。"

2009年9月15日　新华网

"如意妈祖"省亲迎亲仪式在宁波象山举行

（记者杜金明）20世纪50年代，浙江省象山县石浦镇渔山村部分村民迁居台湾台东县富岗新村。今天（9月14日）下午，他们护送如意娘娘像回到象山，在象山县石浦镇东门岛妈祖庙内举行了一场盛大的省亲迎亲仪式。

台湾台东县富岗新村又称小石浦村，依山傍海。半个多世纪过去了，当年四百多人的小村现已是一千五百多人的大村。此次认亲巡游的发起人、小石浦村村民柯受球告诉记者，迁居台湾后，渔民们集资在村里建造了海神庙，供奉如意娘娘像。今年开渔节，象山人把迁居台东五十多年的如意娘娘分身请回来，不日将落户当地渔民建成的海神庙，妈祖妹妹（石浦当地传说，如意娘娘是妈祖娘娘的妹妹）正式回归故里。渔民们对如意妈祖的虔诚，是出于对风调雨顺、国泰民安的渴求，代表了他们心中美好的愿望。

据象山县政府有关负责人介绍，石浦—富岗如意信俗已于去年6月被列入国家级非物质文化遗产名录。这是目前国家级"非遗"中唯一包含海峡两岸的民俗文化。正是这种同祖同宗、一脉相承的文化渊源，使得海峡两岸的儿女心心相印，用这种特殊的方式，书写浓浓同胞情。

2009年9月14日　中国广播网

半世纪后，妈祖"姐妹"再聚首

昨日下午，在台湾台东县小石浦村几百名村民的护送下，海神妈祖娘娘的妹妹如意娘娘从台湾回到原籍象山县石浦镇省亲，并将落户石浦渔民修建的海神庙。

至此，妈祖姐妹在遥隔海峡两岸、相思半世纪后终于团圆了，两岸同祖同宗、同根同脉的石浦人也相聚故里。

据悉，20世纪50年代，象山石浦镇渔山村的部分村民集体迁居依山傍海、地理环境与宁波象山石浦极为相似的台湾台东县，建起小石浦村，又称富岗新村。半个多世纪过去，当年四百多人的小石浦村现已发展成一千五百余人的大村，但村民们依旧说着象山石浦方言，沿袭着石浦的民风民俗，思念着自己的故土石浦，尤其是两岸石浦人对妈祖的信奉始终如一。

在小石浦村村民、"亚州飞人"柯受良的兄长柯受球的发起下，这些当年的象山石浦人，护送着当年被自己请走的海上保护神——如意娘娘一起回象山探亲。

昨日下午，盛大的如意娘娘省亲迎亲仪式在象山石浦镇东门岛妈祖庙（天后宫）举行，虽天空突降细雨，但东门岛上依然万人空巷，两岸渔民共祭神明，同祈吉祥。

相传如意娘娘曾是象山石浦渔山岛上的渔家少女，当她听闻出海捕鱼的父亲海上遇难的噩耗，奋不顾身冲向大海，下海处浮起一段木头，村民将它雕成一尊佛像，世代建娘娘庙供奉。如意娘娘成为当地渔民战胜惊涛骇浪的精神力量。这个两岸石浦人一脉相承的信俗，在去年6月已被命名为石浦—富岗如意信俗，列入国家级非物质文化遗产名录，这是我国唯一包括海峡两岸民俗文化的一项国家级"非遗"。

两岸石浦人决定，今后每届中国（象山）开渔节都要举行如意娘娘省亲迎亲仪式及象山石浦港"妈祖祈福巡游"活动，以此寄托浓厚的乡思乡情。

2009年9月15日 钱江晚报网络版

"如意娘娘"荣归故里

（记者马振）同祖同宗、一脉相承的文化渊源在这里相汇。昨日，妈祖·如意迎亲省亲仪式在东门渔村举行。

早上七时三十分，迎亲仪式开始，近百名台东小石浦村渔民护送如意娘娘沿海边道路缓缓行进，沿途村民秉烛举香跪拜。据介绍，如意娘娘、妈祖娘娘同为海神，石浦的妈祖娘娘是姐姐，台湾"小石浦村"的如意娘娘是妹妹。

八时二十五分，石浦东门岛天后宫全场肃静，妈祖·如意省亲迎亲祭祀典礼开始。击鼓鸣钟，供奉福礼……参拜者向妈祖娘娘、台东海神庙如意娘娘鞠躬致礼。紧接着，管弦齐鸣，台东小石浦村和石浦东门、东丰、渔山、沙塘湾等村的主拜人及老渔民、群众代表为如意娘娘到东门天后宫省亲行三跪九叩大礼。

台湾台东县富岗新村又称小石浦村，依山傍海。半个多世纪过去了，当年四百多人的小村现已是一千五百多人的大村。此次台东小石浦村主拜人柯受球告诉记者，迁居台湾后，渔民们集资在村里建造了海神庙，供奉如意娘娘像。开渔节期间，我县将迁居台东五十多年的如意娘娘"分身"请回故里。

2009年9月15日 中国宁波网

石浦—富岗如意信俗省亲迎亲活动

（记者李广华　陈朝霞　象山记者站徐颖峰）昨天是中秋佳节，一股浓浓的亲情借助文化的力量，弥漫在象山石浦镇的东门岛渔村，人们在血浓于水的骨肉深情中迎候专程从台湾台东县富岗村"请来"的如意娘娘和近二百名来自海峡对岸的亲人。

下午二时三十分，石浦—富岗如意信俗省亲迎亲活动在东门岛渔村的天后宫隆重举行。省亲迎亲的队伍由台东富岗（小石浦）代表团和象山东门代表队、渔山代表队、沙塘湾代表队、尊王宫代表队组成，仪式按传统方式进行：村口接驾，步行进村，村中路祭，列队进庙，司仪主持。锣鼓喧天，爆竹声声。如意娘娘端坐在妈祖娘娘旁边，庙祭开始后，双方代表互赠礼匾和旌旗，司仪念唱，众人祭拜。文化维系着亲情，仪式进行了两个多小时。

今年6月25日，石浦—富岗如意信俗被国务院列入第二批国家级非物质文化遗产名录。按照传说，如意娘娘是妈祖娘娘的妹妹，姐妹俩都具有保护渔民战胜惊涛骇浪的精神力量，是不能分离的。1955年，国民党军队从舟山群岛退踞台湾时，将当时石浦镇渔山岛的男女老幼共四百八十七人全部带到台湾，这其中就包括当时才两岁的亚洲飞人柯受良。渔山岛人到台湾后，蒋介石两次听取他们的意见，最终将他们安置在与石浦地形地貌极为相似的台东县富岗新村。他们人虽到了台湾，但与家乡有着割舍不断的亲情，把富岗新村称为小石浦，依然说石浦话，延续着石浦渔民的习俗。五十三年过去了，小石浦村的村民也繁衍到了一千五百多人。

渔山岛是距象山石浦东南方向25海里的一个小岛，那里是中国海岸线的基点所在地。迁居台湾时，渔山岛人也"请走"了保佑他们的如意娘娘，后在小石浦村建海神庙供奉。近年来，随着交流的深入，小石浦村村民思乡心切，渴望回乡观光访亲。

昨天，他们派代表参加了第十一届中国开渔节的开幕式，晚上省亲团还观看了演出并带来了节目。前两届开渔节，他们也分别派出几十位代表来石浦参加活动、祭拜妈祖、走亲访友。这次要求来的村民太多，最后只能从每家选出一名代表。柯受良的弟弟柯受雄说："我们都是来寻根的，好多人是第一次回来，看到谁都像见到亲人似的。"

中秋的石浦港灯火通明，台风"森拉克"好像也放慢了脚步，并没有给这里造成什么大影响，骨肉亲情充溢着港湾。在过去二十多年的时间里，象山石浦一直是台湾渔船重要的避风港，累计已接待台湾渔船二千余艘、渔民十万多人。

2011年9月1日 《宁波日报》

附录

[壹]如意省亲迎亲信俗祝文、祭词

祝 文（2009年）

维公元二〇〇九年九月十四日，时值中国开渔节吉日，浙江省象山县石浦镇东门岛、渔山岛、沙塘湾渔村渔民及父老乡亲与台湾省台东小石浦渔村村民一道，于官基山麓天后宫，敬献果品美酒，恭颂妈祖娘娘、如意娘娘、保生大帝、广泽尊王、池府王爷等神灵。

如意娘娘一行，乘风破浪，不远万里，一路辛苦，来到我天后宫庙境省亲，深受感动，特举行典礼，以表我殷殷之情，切切之意。

如意妈祖，手足情深，姊妹灵光，普照万民，人海共荣，潮遂人愿，丰产安康！

祝 文（2011年）

维公元二〇一一年九月六日，时值中国开渔节到来之际，浙江省象山县石浦镇东门岛、渔山岛、沙塘湾渔村渔民及父老乡亲与台湾省台东小石浦渔村村民一道，于官基山麓天后宫，敬献果品美酒，恭颂妈祖娘娘、如意娘娘、保生大帝、广泽尊王、池府王爷等神灵。

如意娘娘一行，乘风破浪，不远万里，一路辛苦，来到我天后宫庙境省亲，深受感动，特举行典礼，以表我殷殷之情，切切之意。

如意妈祖，手足情深，姊妹灵光，普照万民，人海共荣，潮遂人愿，丰产安康！尚飨！

[贰] 如意省亲迎亲线路图

台东如意娘娘省亲线路图

[叁] 如意省亲迎亲仪式现场手册（2008年首次民办公助仪式）

前　言

2008年6月25日，石浦—富岗如意信俗被列入第二批国家级非物质文化遗产名录。

何为石浦—富岗如意信俗呢？事缘20世纪50年代。1955年，象山外海渔山列岛之驻国民党军某第三大队撤退时，将该岛居民四百八十七人，统称"义胞"，带至台湾。当下，经时任"国防会议"副秘书长蒋经国同意，渔山渔民柯位林等才将祖辈信奉的浙东渔家海上保护神如意娘娘也一同带去台湾（否则何以用军舰带菩萨去呢）。至台，在台东富岗新村地方，建了海神庙，虔诚供奉如意，人、神安宁生息。

半个世纪后，值象山第十一届"开渔节"之际，富岗（小石浦）的如意信众，不辞辛劳，将如意真身请回神明原生之地，与石浦的妈祖信众及如意信众一起，在东门天后宫庙境，共祭天神，共祈吉祥。信众善意，感天动地；历史长河，民心永存。

石浦—富岗如意信俗省亲迎亲仪式方案

一、仪式定位

依据国家非物质文化遗产名录石浦—富岗如意信俗精神，结合石浦—富岗如意信俗原生地的传统，台东富岗（小石浦）如意信俗的意愿，本仪式的定位是：民间、传统、和谐、吉祥。

二、仪式地点

浙江省象山县石浦镇东门岛妈祖庙（天后宫）。

三、仪式时间

2008年9月14日下午二时三十分开始。

（台东如意省亲代表团到达东门起。）

四、参拜队伍

1.台东富岗（小石浦）代表团

　　领队：柯受球

　　主拜人：柯受球

　　代表共计：一百二十人。

2.象山东门代表队

　　领队：张德兴、奚汉林

　　主拜人：周全球、奚小康

　　代表共计：二十人。

3.象山渔山代表队

　　领队：陈玉定

　　主拜人：张匡京

　　代表共计：二十人。

4.象山沙塘湾代表队

　　领队：魏挺

主拜人：刘斌

代表共计：二十人。

五、工作班子：

总策划：吴健、何定会、张蕴。

总协调：何定会、张蕴、柯受雄。

总指挥：吴健，负责仪式方案审定及行政（含庙内贵宾观摩）协调。

总导演：朱永林，负责仪式方案整理设计及指导实施。

副总导演：陈朝辉，负责四支参拜队伍到位、进村、进庙指挥、庙门警戒（与公安合作）。

副总导演：蒋燕红，负责服装设计、借用、制作，仪仗队伍到位，庙内两厢香客到位，天井参拜队伍到位。

副总导演：解亚萍，负责道具，场景布置，祭品、祭具到位，司仪、乐队、音响到位，大殿仪式队伍到位。

下设：

仪式组：组长朱永林（兼），蔡兆法；

现场队伍组：组长陈朝辉（兼），胡国伟；

服装仪仗组：组长蒋燕红（兼），李根莲；

道具礼炮组：组长解亚萍（兼），童丹艳；

美工音响组：组长孙辉，陈建伟，周松；

警戒安全组：组长姚剑峰；

后勤保障组：组长朱文斐，陈姬荷；

摄像：贺威恺，顾盘飞；

摄影：谢定会。

各组职责详见下述一览表：

如意信俗迎亲仪式各组职责一览表

[服装组]　　组长：蒋燕红

服装名称	使用者	数量	样式提示	色彩提示	工艺提示	备注
渔民服	东门代表队	二十套	显示渔家风采	实际可能	实际可能	统一
渔民服	渔山代表队	二十套	显示渔家风采	实际可能	实际可能	统一
渔家礼仪	渔家仪仗队	二十四套	老式渔裤	黑或棕	简式笼裤	赤膊赤脚
乐队服	民间吹唱	十二套	竖领对襟、宽裤	紫红粗布	宽黑镶边有边角图案	注意尺寸大小
司仪服	司仪	三套	中式对襟短袖	淡黄或棕黄	布扣（含布鞋）	可购
酒童服	敬酒酒童	两套	改良中式短袖	红色	皮鞋	
渔姑服	引导、礼仪	八套	民间大襟	蓝色白花	头饰为后如意髻	
仪工服	抬牲畜者	八套	坎肩式短衣裤	黄底红边	无图案	山袜或草鞋
钟鼓服	敲鼓撞钟者	两套	坎肩式短衣裤	黄底红边	无图案	

[道具组] 组长: 解亚萍

道具名称	使用者	数量	样式提示	色彩提示	工艺提示	备注
渔家仪仗	仪仗队	二十四件（十二双）	传统渔具	黑灰	虚实结合	竹竿总长2.1米
牲畜抬架	抬猪抬羊	两副	长方平面，四人肩抬	红色	全猪全羊装饰	可平放于八仙桌
八仙桌	放供猪羊	两张	古老式	古老式	古老式	置于天井
跪桌	参拜者	十七张	传统	传统	含跪垫	置于大殿
礼仪文本	司仪	两本	折页	黄色		
绶带	正式代表正式贵宾	二百条	150厘米×10厘米长带	金黄色	两端印字"东门天后宫"	每人一条
仪式礼品	精制文本	两本	配礼品盒	庄重	绸制外包	系红带
	锦旗	一面	精制	庄重	上书"吉祥海洋"	
礼仪托盘	礼仪渔姑	四件	一件置文本（小盘）三件置绶带（大篮）	庄重		
鱼灯鱼货	庙前各户	若干	营造渔村风韵	原生态	挂于各户门前	可租借

[美工组]　　组长：孙辉

美工名称	使用者	数量	样式提示	色彩提示	工艺提示	备注
小红灯	庙内装饰	指定	单盏或成串	红色	搭配协调	
红地毯	庙内中轴	指定	独幅整条	红色	大殿台阶固定	
庙门横幅	庙门上沿	一条	软条幅	红底黄字	核定字句	注意字体清晰
大殿横幅	大殿上沿	一条	硬横额	蓝底黄字	核定字句	同上
引导牌	引导渔姑	四块	白底红字	含杆全白	核定字句	
主拜牌	主拜人	六块	三角牌	红底黄字	核定姓名	
渔旗	村口马路	六十面	花色小旗	各色均可	核定字句	待定
放炮竹	炮竹手	指定适量	村口、庙门、礼成			安全第一

说明：1.庙门额：欢迎台东如意娘娘省亲代表团

　　　2.大殿额：石浦—富岗（小石浦）如意信俗省亲迎亲仪式

　　　3.引导牌：台东小石浦、石浦东门、石浦渔山、石浦沙塘湾

　　　4.主拜牌姓名：叶子和、柯受球、周全球、奚小康、张匡京、刘挺

[礼仪组]　　责任人：韩素莲

礼仪用品	使用者	数量	样式提示	色彩提示	工艺提示	备注
全猪	仪工	一头	卧姿		祭祀装饰	不能太大

（续表）

礼仪用品	使用者	数量	样式提示	色彩提示	工艺提示	备注
全羊	仪工	一头	卧姿		祭祀装饰	不能太小
大烛	庙堂	一对				
村口祭品	路祭	备齐				
大殿祭品	殿祭	备齐				
庙鼓		一只				借用
庙钟		一只	铸纪念如意铭文		五百市斤	新铸

说明：村口路祭形式依旧，由韩素莲负责，注意秩序，切勿混乱。

［现场组］　　组长：陈朝辉

现场项目	数量	冈位	责任人	手机	备注
东门代表队	十八人	村口迎接及庙内列队	张德兴		统一服装、鞋
东门领队	二人	村口迎接及庙内列队	奚汉林		
东门主拜	二人	跪拜	周全球		
奚小康					
渔山代表队	十八人	村口迎接及庙内列队	陈玉定		统一服装、鞋
渔山领队	一人	村口迎接及庙内列队	陈玉定		

（续表）

现场项目	数量	冈位	责任人	手机	备注
渔山主拜	一人	跪拜	张匡京		
沙塘湾代表队	十八人	村口迎接及庙内列队	魏 挺		统一服装、鞋
沙塘湾领队	一人	村口迎接及庙内列队	魏 挺		
沙塘湾主拜	一人	跪拜	刘 斌		
渔家仪仗	二十四人	两侧站立	张德兴		
渔家仪工	八人	抬猪抬羊	韩素莲		
老渔民	二人	跪拜	韩素莲		
渔姑	八人	引导、礼仪	蒋燕红		
香客	一百二十人	庙门跪迎及厢房持香	韩素莲		
东门渔鼓队	全体	迎送	韩素莲		
道路清障及装饰	村口、村巷、庙外	清障、挂旗、挂鱼灯	村委会及各户		与道具组合作

[警戒组] 组长：姚剑峰

地 段	要 求	时 间	用 具	备注
东门沿港路村口	交通管制	二时三十分，队伍进庙	警戒线	

（续表）

地　段	要　求	时　间	用　具	备注
进庙转角				
路祭段	人员隔离			
祭桌各方均退10米		祭毕	警戒线	
天后宫庙门	无关人员一律免进	仪式开始至结束	警戒线	
庙内楼梯	无关人员一律不得上楼	仪式开始至结束	警戒线	

说明：1.无指定标牌者一律不得入庙。

　　2.媒体（文字记者、电视记者）限定进庙人数二十五人以内，其

　　　他记者（含自由摄影者）一律谢绝入内。

　　3.庙内提前一小时清场。

六、司仪人员

总司仪：陈端春；

副司仪：陈金根；

协司：蔡兆法；

民间吹唱领队：蔡兆法；

民间主唱：俞小娥（鼓板、大鼓）；

民间主胡：阿　达（板胡、唢呐）；

民间乐手：邱国良（二胡）、王金国（二胡）、潘仁成（唢呐、

笛子、三弦）、卢仁友（月琴、大锣）、陈小权（大胡）、梁海亚（古筝）、顾夏瑜（琵琶）；

曲牌指挥：陈敏；

庙鼓：张存玉；

庙钟：谢友方；

司香：韩素莲；

司酒：王伟东、潘敏辉；

进献全猪四男：陈明国、洪世魁、孔海波、李建波；

进献全羊四男：冯敏刚、陈永刚、周国平、周国富；

渔家仪仗二十四男：东门渔民；

引导渔姑四女：特邀（引导队伍进庙）；

礼仪渔姑四女：特邀（送礼、送带、上殿）；

庙门东跪拜：吕竹飞等十人；

庙门西跪拜：张和珠等十人；

庙厢东参拜：单锡亚等三十人；

庙厢西参拜：鲍春妹等三十人；

东门鼓队全体：单锡亚等四十人；

大殿第二排参拜老渔民代表：陈良生、冯永基；

大殿第三排参拜各界代表：韩素莲等六人。

七、现场布局

布局原则：

1.台东代表队村外下车步行至村口。

2.村口施洗尘路祭，两侧列队迎接：东门鼓队、东门、渔山、沙塘湾代表队、群众。（交通管制，路祭周围拉临时警戒线。）

3.进庙队伍顺序：小石浦如意开导旗队，如意坐轿，东门鼓队，引导人，小石浦队，引导人，东门代表，引导人，渔山代表，引导人，沙塘湾代表，跟队群众。

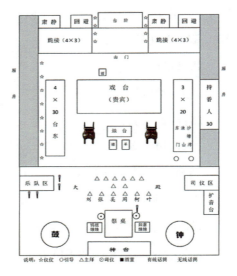

庙内布局示意图

4.进庙：东门鼓队留于庙外空地送队伍进庙，后歇鼓进庙，站立指定位置。持香参拜群众各三十人（含跪接娘娘者二十人）已经先前布于两厢。庙门有公安警戒。因庙内狭窄，谢绝无关群众入庙，允许主要媒体二十五人进庙，谢绝一般媒体及所有自由摄影者进庙，以防拥堵。

5.贵宾站于戏台。

6.庙内楼上谢绝站人，有公安警戒，以防发生安全事故。

7.代表排列天井,大殿用于祭拜。庙内布局详见示意图。

八、仪式流程

1.村口接驾,步行进村。(陈朝辉、胡国伟)

2.村中路祭,列队进庙。(韩素莲、陈朝辉、解亚萍)

3.如意进庙。(陈朝辉、胡国伟、陈瑞春)

4.庙内布局。(张燕红负责队伍,解亚萍负责礼仪)

(当队伍到达庙门时,先暂停。随即由总司仪安排进庙。)

总司仪:娘娘进庙——

　　　　(三声仪仗呼应:娘娘进庙——)

　　　　(三声炮竹:孙辉)

　　　　(接驾下跪:香客)

(天井队伍事前排好,大殿如意事前到位,台东器具事前到位,司仪吹唱事前到位。各就各位,各司其职,随即开始庙祭。)

总司仪:(念书面文本)全体肃立!(含贵宾、乐队)

象山石浦,台东小石浦,如意信俗省亲迎亲仪式,现在开始。擂鼓三通(擂鼓)。鸣金十六响(撞钟)。为如意娘娘,乘风破浪,千辛万苦,来我天后庙境,保佑我民,感动我心。

全体参拜者,尊敬贵宾,谨向东门天后宫妈祖娘娘、台东海神庙如意娘娘致礼:

一鞠躬,二鞠躬,三鞠躬,礼毕。

现在请台东小石浦海神庙代表柯位林、柯受球，向象山东门天后宫代表周全球、奚小康赠送礼匾。（送匾、接匾）

奏乐——（乐队连续演奏：大登殿）

请石浦东门天后宫代表张德兴、奚汉林，向台东小石浦海神庙代表叶子和、柯受球回赠旌旗。（送旗、接旗）

请象山代表吴健，向台东代表叶子和赠送如意信俗文本。（送本、接本）

东门天后宫向全体代表敬赠吉祥绥带。（韩素莲及四渔姑分发绥带，绥带送毕，司仪示意乐停。）

上大礼，大吹。（乐队吹曲牌）

（抬猪、羊分别自两侧缓步上，置于八仙桌上，八位抬手转身向大殿一字排开，行单腿跪拜礼，毕，各自原路返回戏台后，乐队吹停。）

请——台东小石浦主拜人叶子和、柯受球，石浦东门主拜人周全球、奚小康，石浦渔山主拜人张匡京，石浦沙塘湾主拜人刘斌，老渔民代表，群众代表，上殿祭拜。奏乐。（乐队连续演奏：大登殿）

（渔姑上殿指引各就各位，到位站立后，司仪示意乐止。）

（副司仪上）

副司仪：（摇铃三下）嗯——

（念书面文本）兹有台东县小石浦渔村主任委员叶子和、台东海神庙管委会主任委员柯受球、象山县石浦镇东渔村村委会主任周全球、象山县石浦镇东丰村村委会主任奚小康、象山县石浦镇渔山村村委会主任张匡京、象山县石浦镇沙塘湾村村委会主任刘斌，偕老渔民代表、群众代表，为如意娘娘到我石浦东门天后宫省亲，上大殿祭拜。跪——（众跪）

　　一上香（传），

　　二上香（传），

　　三上香（传），

　　上香毕，敬酒三巡。

　　一敬酒（一巡），

象山代表吴健，向台东代表叶子和赠送如意信俗文本

二敬酒（二巡），

三敬酒（三巡），

敬酒毕。起——

副司仪：（念）

如意娘娘，恩重望高，

一路辛苦，来到我庙。

如意妈祖，灵光高照，

姊妹手足，万年逍遥。

妈祖娘娘，如意娘娘，

保我万民，赐我吉祥。

向妈祖娘娘，如意娘娘，在上一切神灵，

再行三跪九叩大礼——

（三跪九叩：起——跪——叩三番）

（最后一番）

跪——伏——（转吹唱）

（副司仪下，吹唱乱弹乐起）

主唱：（唱）啊呀，哦嗬!

娘娘，娘娘哎，娘娘啊——

如意娘娘我娘亲，

想当初，一别石浦渔山无音讯。

我日思夜想娘娘恩,

不知如意娘娘远方可安宁。

云开日出降福星,

（加鼓）嗬——

娘娘今日得来临。

妈祖天后、如意娘娘今相会,

情同手足勿离分。

万民欢呼娘娘恩,

国泰民安好前程。

（吹唱毕）

副司仪:三跪九叩大礼完毕,起——

妈祖如意省亲迎亲祭拜大礼礼成——众乡亲自由参拜——

九、进程安排

1.确定方案（7月份）;

2.行政协调（石浦镇、石浦公安、东门村、渔山村、沙塘湾村）暨业务分解会议（8月初）;

3.分项目筹备落实（8月中）;

4.各项目完成（8月31日之前）;

5.分项目总导演合练（9月初）;

6.庙中彩排（9月12日下午）;

7.实施（凡庙内队伍人员，提前一小时进庙结集）（9月14日下午）。

十、经费框定：

建议以下各组分别核算：

1.服装组：新做服装；

2.道具组：新做道具；

3.美工组：场景布置；

4.仪式组：司仪、乐队；

5.后勤组：交通、餐饮、茶水、医药、补贴；

6.祭品：全猪、全羊；

7.礼品：文本、旌旗；

8.铸钟：500市斤；

9.摄像摄影；

10.音响租用；

11.不可预见。

[肆]妈祖·如意海上巡安活动仪式

第十五届中国开渔节妈祖·如意巡安仪式暨浙台经贸合作区两镇两乡彩船海上大巡游方案

一、活动主题

当前，象山正迎来大力发展海洋经济的黄金战略期，7月5日，浙台（象山石浦）经贸合作区正式揭牌，成为象山县实施海洋经济战略和对台交流合作的新平台。为进一步展示象山丰富的海洋文化、渔文化内涵，同时，也为了更好地呈现石浦港的魅力风采，第十五届中国开渔节妈祖巡安仪式将结合浙台（象山石浦）经贸合作区两镇两乡彩船海上大巡游的形式，旨在凭借渔港、渔船和千百年来象山渔民根深蒂固的妈祖信仰，通过海陆互动，情景交融及声、光、电、焰火的结合，营造天人合一、人海同欢、祥和平安的渔港风情之夜，展现浙台（象山石浦）经贸合作区特色风情，满足渔民兄弟祈求"风调雨顺"、"满载而归"的愿望，提高中国开渔节的参与度和美誉度。

二、活动时间

2012年9月15日（农历七月三十，星期六）晚

准备时间：下午二时至傍晚六时三十分（其中巡安船队准备时间下午四时至傍晚六时三十分）。

巡游时间：傍晚六时三十分至八时三十分。

三、具体安排

1. 主会场安排

东方红桥广场。设置主席台和观礼台。设置解说音控台，现场解说各船名称、蕴含意义。设置礼仪鼓队，当有巡安船只经过时，鼓声齐鸣，与船上表演队伍形成呼应。

2. 大巡游船只安排

巡安船六艘（20米左右）。提前进行精心装饰，每船有各自的主

题内涵，以及各具特色的布置，向观众发出不同的信息。六艘船主题分别是：肃静回避、妈祖巡安、安澜赐福、一帆风顺、鱼虾满舱、吉祥渔港。

两镇两乡巡游船四艘。提前由各乡镇自行装饰各船，展示各乡镇特色，于巡游当日下午在东门指定码头集中排队，进行最后调试。（活动日各镇乡巡游船上的民俗队伍由各镇乡自行组织安排）

3. 妈祖启程

当日傍晚，妈祖娘娘和台东如意娘娘、渔山如意娘娘、保生大帝、广泽尊王、池府王爷弟姐妹，在东门天后宫内举行简单出行仪式，下午四时前，共六尊神像及其他参加巡游的民俗队伍在东门渔村码头集合，六时前整理上船完毕，等待巡游信号。

4. 巡安仪式

下午四时前，所有工作人员、队伍到位，参加巡游的队伍陆续登船，六时前所有队伍登船完毕。六时十五分，所有准备工作就绪。六时二十八分，巡安指令发出，巡安船队从东门渔村出发，排列好顺序，按既定路线两次环石浦港巡游，其间，船上表演队伍不间断进行表演并燃放鞭炮。第一次以民间巡游为主，途径开船仪式首发船队停泊港口，巡安船队所到之处，鞭炮齐鸣。第二次巡游时注意控制好时间，待观景平台领导和嘉宾到场后，巡安船队按顺序排列好，依次经过主会场，主持人一一进行解说，岸上表演队伍与船上队伍形成呼应，所有响器敲响，船上燃放鞭炮、焰火。晚上八时三十分以后，巡安船队按顺序撤回东门渔村码头和游船码头。（约七时二十分、八时十五分经过主会场观礼台）

5. 背景船

下午三时左右，首发船队按要求停泊中心港区作为背景船，尽量做到布局合理，航路畅通，特别要照顾到南汇沿岸密度，使夜晚渔火有整体感，更能体现壮观场面。

6. 撤离

八时三十分巡游队伍开始撤离，要求九时前巡安仪式全部结束，所有人员上岸。

[伍] 妈祖·如意石浦港海上巡安线路图（2012年）

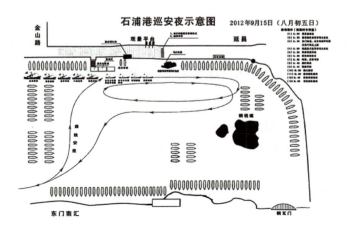

石浦港巡安夜示意图 2012年9月15日（八月初五日）

后记

  2012年悄然逝去，越过了玛雅人预言的世界末日，施施然跨入2013年。步入新年的我，较之往年多了一份欣慰，以2013年元旦为界，《石浦—富岗如意信俗》初稿差不多完成了。全书近六万字，历经半年多的努力和煎熬，终于步出深闺，腼腆示人。

  这半年来，我忧喜掺半。自今年夏天从美女副局长吴健手里接下这个"光荣"任务起，我就开始犯愁。我一愁自己久在书斋，不知魏晋，对民间信俗知之甚少。二是怀疑自己是否具备"采访"及"写实"能力，信俗类不像文学作品，丝毫不能虚构，务必要做到"一一道来"。我虽曾数次亲历如意省亲迎亲祭祀仪式现场，但总的来说也只是走过路过，印象仅止于皮毛，这跟真正要写出一本书，还是两码事。

  整整半年多时间，我一直忧心忡忡。接下任务后，我屡次赴东门岛采访，跟当地信众一起参加如意娘娘诞辰庆典活动，开渔节期间，全程跟踪两地如意省亲迎亲仪式。我多次怀疑自己是否具备将六千多字的申报材料，写出六万字的能力。我觉得自己就像行走在茫茫丛林，不小心踏入一条既险又窄的山道，找不到方向，看不到尽头。但是我想，既然已经出发，就没有回头的可能。

半年多的时间，我就这样坚持了下来。在普天同庆迎来崭新元年之际，《石浦—富岗如意信俗》初稿基本完成。曾经的彷徨和忧患，已然"沉舟侧畔千帆过"。接下来，此书还要历经各位民俗专家的"拨乱反正"，直至最后完稿，真正迎来"病树前头万木春"。本书的撰写，得到了县文化广电新闻出版局局长任先顺、副局长吴健的支持，也得到张曙、奚斌辉、蒋卫扬、张艳、郑昭君、张颖等领导及同志的帮助，吴伟峰老师为此书提供了精美而翔实的珍贵图片，柯受雄、韩素莲、董莲菊提供了宝贵的第一手材料。这里尤其要感谢的是朱永林、解亚萍老师，朱永林老师在2013年9月22日彻夜通读全稿，给予多处关键订正，解亚萍老师对此书的修改提出诸多宝贵意见，在此一并表示感谢。

编著者

2014年1月1日

责任编辑：方　妍

装帧设计：任惠安

责任校对：朱晓波

责任印制：朱圣学

装帧顾问：张　望

图书在版编目（ＣＩＰ）数据

石浦-富岗如意信俗 / 杨卓娅编著. — 杭州：浙江摄
影出版社，2014.11（2023.1重印）
（浙江省非物质文化遗产代表作丛书 / 金兴盛主编）
ISBN 978-7-5514-0744-1

Ⅰ.①石… Ⅱ.①杨… Ⅲ.①神—信仰—介绍—象山
县②风俗习惯—介绍—象山县 Ⅳ.①B933
②K892.455.4

中国版本图书馆CIP数据核字(2014)第223581号

石浦—富岗如意信俗

杨卓娅　编著

全国百佳图书出版单位
浙江摄影出版社出版发行
　　　　地址：杭州市体育场路347号
　　　　邮编：310006
　　　　网址：www.photo.zjcb.com
制版：浙江新华图文制作有限公司
印刷：廊坊市印艺阁数字科技有限公司
开本：960mm×1270mm　　1/32
印张：6
2014年11月第1版　　2023年1月第2次印刷
ISBN 978-7-5514-0744-1
定价：48.00元